长棍格斗

THE ART AND SCIENCE OF STAFF FIGHTING

〔美〕乔·瓦拉迪 (Joe Varady)◎著　查克◎译

北京科学技术出版社

The Art and Science of Staff Fighting

Copyright©2016 by Joe Varady

Simplified Chinese translation copyright © 2025 by Beijing Science
and Technology Publishing Co., Ltd.

Published by arrangement with YMAA Publication Center Inc. All Rights Reserved.

著作权合同登记号　图字：01-2024-1335

图书在版编目（CIP）数据

长棍格斗 / (美) 乔·瓦拉迪 (Joe Varady) 著；
查克译 . -- 北京：北京科学技术出版社，2025.
ISBN 978-7-5714-4375-7

Ⅰ . G852.4

中国国家版本馆 CIP 数据核字第 2025DH4112 号

策划编辑：张煜宽
责任编辑：张煜宽
责任校对：祝　文
图文制作：创世禧
封面设计：昇一设计
责任印制：吕　越
出 版 人：曾庆宇
出版发行：北京科学技术出版社
社　　址：北京西直门南大街 16 号
邮政编码：100035
电　　话：0086-10-66135495（总编室）　0086-10-66113227（发行部）
网　　址：www.bkydw.cn
印　　刷：北京宝隆世纪印刷有限公司
开　　本：710 mm × 1000 mm　1/16
字　　数：240 千字
印　　张：14.75
版　　次：2025 年 4 月第 1 版
印　　次：2025 年 4 月第 1 次印刷
ISBN 978-7-5714-4375-7

定　　价：108.00 元

推荐语

　　《长棍格斗》是一部知识宝典，它将长棍的历史发展与理论相结合，不仅包含实际的应用方法，还展示了适用于所有武术风格的格斗策略。作为一位有30多年经验的世界级器械格斗选手，乔·瓦拉迪孜孜不倦地深耕于武术领域，将自己渊博的知识化作书中循序渐进的详细教程，用清晰的图示和生动的讲解加深读者对知识的记忆。

　　作为一名长棍格斗者、参赛者和教学者，我从瓦拉迪老师的经历中深受启发，他是一位了不起的战士和挑战者。书中分享的训练方法，特别是家庭训练装备的制作方法，以及深入浅出的科学解释都给我留下了深刻的印象。这是一本出色的参考书，它适合不同水平的读者，无论是初学者还是专业高手。瓦拉迪老师的作品是我读过的最实用、最有趣、最全面的长棍格斗书之一。这本书应被列入所有器械格斗专业学生的必读书目，也将成为我个人的参考书。

——迈克尔·J. 加拉格尔（Michael J. Gallagher）

美国跆拳道国家器械格斗冠军、世代跆拳道道馆馆长、

通用武术体系董事会成员、2015 年费城历史武术协会名人堂入选者

　　乔·瓦拉迪是器械格斗界当之无愧的专家，他以不懈钻研和刻苦训练而闻名。不仅如此，作为一位备受欢迎的教练，乔的课程总能收获热烈的反响。这是一本条理清晰的好书，很高兴看到他在书中分享自己的知识和训练方法。

——约翰·伯恩斯大师（Master John Burns）

刚柔武术黑带九段，

伯克利刚柔武术空手道道馆创始人、首席教练

乔·瓦拉迪积极投身于武术学习，追求训练中的全方位提升。他理解细节，熟悉应用，以进步为目标不断付诸行动。我曾有幸与乔合作编写《软派武术指南》（*The Soft Style Training Manual*）一书，在我看来，他的作品是习武之人的宝贵财富。

——柯克·法伯（Kirk Farber）

刚柔东方武术协会黑带七段，健身与品格教育机构创始人、

《软派武术指南》作者之一

一收到瓦拉迪大师的著作《长棍格斗》，我就一字不落地读了一遍。这部作品的三大优点使它成为长棍训练的权威与武术教材的典范。

一、物理、生理与原则上的普适性。瓦拉迪大师追求真理。不论对哪种流派或方法来说，书中的内容都切中要害。尽管不同流派的训练方法千差万别，但其训练要点实际上异曲同工。无论你就读于哪所武术学校，武术的应用都具有普适性。书中的信息对你肯定大有益处，将为你的技能成长提供实质性的帮助。

二、清晰解读各种格斗动作。这本书并不是简单地介绍技术，而是着重于解读技术在各类战斗场景下的真实应用，可以教会读者如何在战斗中扬长避短，灵活运用各种技巧。瓦拉迪大师将毕生所学倾囊相授，读者可从书中受益良多，即使无门无派也能够得到大师真传。

三、完备的练习大纲。这本书提供了一套完备的练习体系。瓦拉迪大师为读者量身打造了可媲美大学课程的练习计划（读者可以结合自己的时间进行合理规划），还附带相应的训练装备制作方法。

——迈克尔·夏崇一（Michael Xia Chongyi）

武当龙门派第二十六代道士、国际武当剑士学院创始人、

墨西哥武当学院创始人、太极剑术联盟主裁判、

《剑舞经典》（*Sword Dancing Classic*）作者

当乔来到格斗学校的那一天，我就知道他与众不同。乔几乎每年都能在我们的格斗锦标赛中包揽各种奖项，其格斗风格给人留下了深刻的印象。如果你想以一种更世界化的方法来学习长棍格斗术，而不仅仅是从东方风格入手，这本书就是你最好的选择。乔·瓦拉迪是一位始终追求卓越的武术家，这本书是他刻苦训练和非凡武术造诣的见证。

——戴夫·迪基（Dave Dickey）

活钢格斗学院创始人、《30 天创造美好生活》
（*30 Day Guide to Creating an Awesome Life*）作者

在 30 年的武术生涯中，我曾探索过各种器械和非器械体系，也阅读过不少训练教材。《长棍格斗》实属难能可贵。这本书以清晰流畅的文笔，详细呈现了一个完备的训练体系。乔·瓦拉迪老师对器械格斗力学的深刻理解，是以多年丰富的实战经验为基础的。作为一名教育家兼武术大师，他深知应如何奠定坚实的基础、如何培养练习者的灵活性和动作流畅性，这对表演和实战来说都至关重要。

——克里斯·巴列里（Chris Baglieri）

刚柔东方武术协会教练、儿童安全青少年计划高级教练、
CPI 非暴力危机行为预防与干预认证教练

这本书着实令人感到惊喜，乔·瓦拉迪大师对所有格斗形式的追求和热爱跃然纸上。不仅如此，他还用同样的热情与我们分享了自己精心总结的所有知识。在古代，大师们常常将自身的经验视为宝贵的财富，只秘密传授给最忠心和最优秀的学生。乔的所有知识都是他通过刻苦练习和不懈追求换来的，这不仅成就了一位优秀的格斗家，更成就了一位优秀的老师。

——沙恩·福赛思（Shane Forsythe）

刚柔东方武术协会黑带一段、海东剑道黑带三段

我在匈牙利举办的世界短棍联盟（WEKAF）世界锦标赛中认识了乔。他知识渊博，是一位出色的运动员。那天我们一见如故。认识乔对我来说是一种荣

幸。2015 年，我曾执教乔的团队，他们就像我的家人。有朝一日，我希望乔也能来我的道场执教。真心祝愿这本书取得成功，祝我的朋友一切顺利。

——佩里·兹姆格（Perry Zmugg）

郑宽璋合气道道场大师、《菲律宾阿尼斯 1-5 级训练指南》

（Skriptum for Real Arnis Level 1-5）等多本书和多套视频教程的作者

这是有史以来最好的棍棒格斗书之一，内容翔实，文笔流畅，易于理解。无论你是初学者还是高手，这本书都值得一读。

——程世宝大师（Master Paul Cheng）

程世宝武术学校创始人、《学生手册》（Student Manual）作者

对那些想从基础开始学习的初学者，以及想进一步打磨技巧的武术家来说，这本书是一本绝佳的指南。书中的每一章都包含详细的指导和对应的练习，适合所有等级的练习者。最可贵的是，书中每一小节都以易于理解的方式呈现，使读者能够在独自练习、与搭档练习、使用专业装备练习或日常锻炼的不同情境中掌握这些技巧。这本书还提供了家用及道场训练装备的制作教程，旨在使读者通过独自练习或双人对打进一步磨炼长棍技能。乔是一位善于表达、格斗天赋过人的教练，正如你在书中所见，他擅长将复杂的动作分解为易于掌握的训练模块。

——埃文·杰兹因斯基（Evan Dzierzynski）

新星防身道馆馆长兼主教练

这本详细的训练指南专业性十足，通过细致的讲解鼓舞了大家实践的热情与成长的决心。

乔·瓦拉迪的《长棍格斗》涵盖了掌握长棍格斗术所需的所有知识。

乔在书中提供了有关长棍历史和教学的一切信息。和其他所有武术一样，从形式到训练再到实战，长棍格斗术的每一方面都有着悠久的历史和重要的意义。通过这本书，乔让读者不仅能够参与格斗，还能够理解格斗。

这本书不仅包含大量的外部指导，还强调内在的成长和精神专注。读者将从最基本的知识（什么是长棍格斗术）学起，一步步走向复杂的格斗技巧（与多名

对手对战）。这本书遵循从简单到复杂的逻辑组织结构，同时注意将每一部分的逻辑和应用建立在所学知识的基础上，有利于读者从当前的技能水平一步步走向精通。详尽的目录可以帮助不同等级的长棍格斗者轻松找到所需信息，而不同等级的练习大纲能帮助读者快速将文字知识转化为实践。

乔·瓦拉迪老师有几十年的武术经验，书中丰富的细节与他严谨的教学作风，清晰的指导、激励的语气与勇于尝试的态度，都体现了他的专业。乔用自己的能量鼓舞人心，为读者注入挑战艰苦训练的动力。不仅如此，他的专业也确保了读者随书练习时的自主性与安全性。

这本书适合不同水平的读者，尤其是有少量武术经验的长棍格斗术初学者。自身的优势加上瓦拉迪老师循序渐进的教学，读者的学习效果将大大得到提升。不仅如此，高水平的格斗者和从事教学的教练也会发现这本书值得一读，因为它在帮助提升技能的同时还提供了可供借鉴的方法，旨在全方位提升读者的武术修养。

此外，书中分步讲解的插图也是一大亮点，图片上的箭头清晰地标明了每个姿势的动态与方向，复杂动作（比如持棍翻滚）的逐帧展示不仅实用，还令人印象深刻。

这本书将带领未来的长棍格斗家们坚定地迈出自己的第一步，并最终在比赛中取得胜利。

——梅利莎·伍斯克（Melissa Wuske）

《前言评论》（*Foreword Reviews*）

致　谢

　　谨以此书感谢多年来在长棍训练中帮助过我的人，如有任何遗漏，敬请谅解：刚柔武术的创始人东·恩戈（Dong Ngo）大师，刚柔武术的发扬者喹恩·恩戈（Quynh Ngo），我的第一位东方棍术老师凯·埃瑟里奇（Kay Etheridge），我的第一位西方四分棍老师、创意历史协会骑士查克·本内特（Chuck Bennett）爵士，菲律宾十二棍师六次世界冠军获得者史蒂夫·沃尔克（Steve Wolk）大师，传授我双重击打概念的迈克·罗思曼（Mike Rothman）博士，教我木剑和杖的老师乔·蒙塔（Joe Montague），活钢格斗学院创始人、三步法则的创立者戴夫·迪基爵士，我在活钢格斗学院的战友、剑术大师乔·麦克劳克林（Joe McGlaughlin），教会我"术士之墙"的艾伦·张（Alan Cheung）大师，《刚柔武术棍棒指南》（*Guong Nhu Bo Manuals*）的作者迈克·蓬齐奥（Mike Ponzio）大师，我的猴棍师父约翰·伯恩斯大师，迪迪·古德曼（Didi Goodman）大师，越南双人长棍的创立者黄立（Lap Hoang）大师，刚柔棍棒6式和7式的创立者罗伯特·弗斯特（Robert First）大师，刚柔棍棒专家迈克·阿恩施皮格（Mike Arnspiger），我最好的对练搭档迈克尔·奥斯卡（Michael Oscar），优秀的编辑卡罗尔·赖利（Carol Riley），在本书从编辑到出版的过程中给予我许多帮助的马德琳·克劳斯（Madeline Crouse），还有Photoshop"黑带大师"安德烈亚·希尔伯恩（Andrea Hilborn）。

　　特别感谢：我才华横溢的妻子，一直包容、支持我的凯西·瓦拉迪（Kathy Varady）；在武术上和生活中给予我指导和帮助的鲍·恩戈（Bao Ngo），感谢他为本书作序；优秀的摄影师安德烈亚·希尔伯恩，他拍摄并编辑了本书的大部分图片；还有我的武术搭档克里斯·霍尔（Chris Hall），感谢他为本书写下充满启发的附录Ⅰ——"格斗物理学：长棍的力学原理"。

模特：乔·瓦拉迪、克里斯·霍尔、巴里·阿穆尔（Barry Armour）、阿龙·麦克劳德（Aaron McCleod）、阮清（Thanh Nguye）、凯西·瓦拉迪、唐·怀特（Dawn White）、马德琳·克劳斯、迈克尔·奥斯卡、马格努斯·塞普（Magnus Sepp）、布赖恩·费迪什（Bryan Feddish）、布莱恩·莱希克（Brian Lesyk）、安迪·加耶夫斯基（Andy Gajewski）、帕特里夏·克雷斯（Patricia Cress）、安德烈亚·希尔伯恩、阿克塞尔·阿达尔斯泰因松（Axel Adalsteinsson）、詹姆斯·洛利（James Lolli）、尼克·洛利（Nick Lolli）、克里斯蒂安·卡梅隆（Christian Cameron）、肖恩·海斯（Sean Hayes）和喹恩·恩戈。

照片拍摄者：机车女孩摄影工作室（Scooter Girl Photography）、安德烈亚·希尔伯恩、琳达·尼卡亚（Linda Nikaya）、罗兰·瓦热哈（Roland Warzecha）、唐·怀特和里基·凯（Ricki Kay）。

序

　　无论是想从零开始学长棍还是要进一步提高长棍格斗的水平，这本书都值得一读。不论是在短棍格斗还是长棍格斗领域，乔·瓦拉迪都是世界顶尖的棍术选手。2014 年，我有幸在匈牙利举办的 WEKAF 世界锦标赛中协助他备战。经过数月的艰苦训练，乔最终凯旋，获得了世界男子重量级全接触双短棍格斗第四名与世界男子轻量级全接触长棍格斗第二名。

2014 年美国队在匈牙利 WEKAF 世界锦标赛上的合影

　　乔将自己 30 多年的训练经验汇成此书，为读者制订了一份详尽、合理、循序渐进的学习计划。

　　作为一名长棍格斗家，乔不仅击打速度快、力量大，还精通各种武器和战略。他擅长以多种方式使用长棍的每一部分，并在实战中不断提升自己预测对手动作以采取合适对策与躲避攻击的能力。

乔练习的核心武术是刚柔武术（Cuong Nhu），这一武术流派由我父亲东·恩戈在1965年创立于越南古都顺化。"Cuong Nhu"在越南语中即为"刚柔"之意，最初由松涛馆空手道发展而来，在发展中广泛汲取了合气道、柔道、咏春拳、越武道、太极拳和拳击的精华。刚柔武术的练习包含多种器械训练，其中最基础的3种器械当属短棍、长棍和矛。历史上，在许多文化中，这3种武器都是大众最常使用的自卫武器。

刚柔武术的核心思想在于自我提升、服务社区与敬爱他人。多年以来，我们致力于将其发展为一种内容大于形式的武术。我们要求刚柔武术的弟子将学到的技能主要用于自我提升与接济他人方面。刚柔武术在越南战乱时期就已发展成形。从那时起，到我父亲1971年到美国攻读博士学位，并在盖恩斯维尔佛罗里达大学创办第一所美国刚柔武术学校，再到今天，这一理念从未改变过。

乔·瓦拉迪有着超乎常人的激情、奉献精神和领导力。他非凡的个人魅力和寓教于乐的教学方式总能让学生体验到训练的乐趣，无论是儿童还是成人，同时，这位老师也以此为乐。乔尊重他人又极富好奇心，不懈地向成为一位更好的武术家迈进。他对知识的渴望并不限于练习和实践，同时也朝着历史和文化方向不断蔓延。他不断以不同的方式奉献着，旨在回馈学生、社区和刚柔武术流派。他对器械格斗的热情我们有目共睹，尤其是在长棍格斗领域。

我们都知道那句老话："没有热情，就无法成功。"乔以行动践行着自己的这条座右铭。我永远都记得第一次去他在费城外的道场参加研讨课和段位测试时的情景。我对那座了不起的"家庭道场"和那里的种种逸事早有耳闻。我很荣幸能住进乔的家中，好好地参观一番。乔十分热情地带我参观他那座令人印象深刻的道场。那是一处建在房屋后的传统亚洲道场，俨然李小龙功夫电影中的场景。主训练场四周摆放着各式各样的武器架，道场还专门为飞刀投掷、咏春木人桩，以及擒拿等专项训练设置了场地。

乔的收藏不仅包括亚洲武术的传统武器，还包括剑盾、铁链尖刺球、花剑、锁子甲等欧洲武器。如此激动人心的武器阵容就整齐地陈列在房屋后！当我们从主道场忙碌的课程和测试中抽身欢度周末时，乔和我会用不同的方式进行器械格斗，我们会采用一对一、一对多或双方列出多种武器依次对峙的"战斗模式"来

乔的家庭道场

乔（左）与鲍·恩戈（右）的合影

进行切磋。根据不同的武器类型和缓冲效果，我们会先判断是否要穿上护具或盔甲，再开始战斗。不论是武器的碰撞，还是攻击、防御、移动的瞬时反应，都与真正的战斗如出一辙，这大大增加了训练的乐趣，提高了训练的效果。

　　现在，有了这本书，你也可以和我一样走进乔的家庭道场，接受他的私人指导，然后向着长棍格斗大师的目标不断迈进。

鲍·恩戈

刚柔东方武术协会黑带十段

写于美国田纳西州纳什维尔市

前 言

12 岁左右，我通过功夫电影认识了武术。从此，周六的下午便不再只是一段娱乐时光，更是一段启蒙时光。不久后，我就开始尝试在后院抡起旧扫帚，开启了我的武术生涯，至今已有 30 余年。如今，除了抚养我两个可爱的宝贝科斯莫斯（Cosmos）和凯拉（Kayla），我把我全部的热情都奉献给了练习和教授武术，尤其是长棍格斗。

在过去的 30 多年里，我不仅练习了咏春拳等中国功夫，以及空手道、跆拳道、柔道、柔术和菲律宾短棍（仅举几例）等多种东方武术，还学习了包括拳击、击剑、长剑和多种装甲格斗在内的西方武术。我不仅为自己的核心流派——刚柔武术创作了 6 本训练指南，也参与了西方武术学校——活钢格斗学院训练指南的编写。

我有幸师从许多敬业且知识渊博的教练，并在这些年中结识了许多搭档。在此，我诚挚地感谢他们每一个人，是他们传授我武术知识。丰富的经历，再加上

我与搭档在练习长棍

我对武术研究和教材编写的热爱，才有了你现在正在阅读的这本书。

本书提供了一套逻辑清晰的长棍格斗训练体系。这是一种跨流派、多文化的训练方法，适用于任何一种武术流派。请尽你所能汲取书中所有的知识，并将这些知识储存在大脑中。在这一过程中，你可以利用外部的各种资源，更重要的是，要关注内心的成长。请保持开放的心态，不断练习和探索，不断丰富你的知识和技能。请努力学习，并更加努力地训练。最终，你将凭借坚实的基础和丰富的技巧，找到自己的长棍格斗之道。

目　录

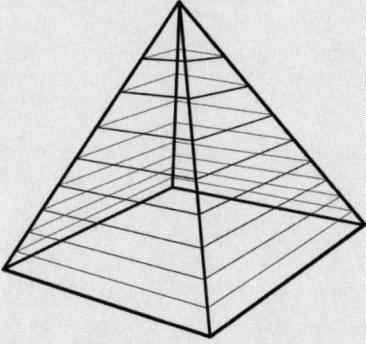

引　言

Introduction

什么是长棍格斗

从古至今，长棍在世界各地都是一种常见的武器。人类世世代代使用长棍作为自卫与对抗的基本武器。四分棍（即长棍）格斗在历史上曾一度盛行，甚至还被列入《童子军手册》（*Boy Scout Handbook*），但随着时间的流逝，长棍已逐渐淡出格斗武术的舞台。在过去的几十年中，菲律宾短棍大师一直致力于向全球推广短棍格斗，而在长棍格斗的继承与推广方面，我们所做的努力则少之又少。

如今，顶尖的长棍格斗者往往也是空手道比赛的专业选手，他们会用金箔包裹的轻木棍表演一系列精彩绝伦的旋转，并配合抛接和劈叉等动作增加戏剧效果。尽管我十分欣赏这些选手惊人的身体素质和出色的艺术表现力，但这样的表演实际上更偏重于"术"，而非"武"。

追溯当代长棍格斗的历史，我们会发现它起源于更简单、更传统的亚洲长棍格斗。实际上，最初的东方长棍格斗是从双人演练演变而来的。在没有搭档时，习武者也可以独自练习。于是，各种技巧融合在一起，发展出更丰富的招式。沿着这条脉络继续前进（至少在亚洲是这样），长棍格斗逐渐从双人搭档演变为单人表演，更侧重于分解动作的展示，并最终固化为预设的基本招式，缺乏真正的实战应用技巧。

相较之下，西方武术则从未发展出单人表演形式，而更侧重于实战训练和自由格斗。以上所说的内容并不是对东方单人武术形式的贬低，相反，就像阴阳两面一样，我认为这两种训练模式是相辅相成的。

因此，本书融合了东方与西方（以及介于两者之间的）传统武术的精髓，旨在建立一个现代化、系统化、多元化且循序渐进的长棍格斗体系，使各个水平的练习者，甚至初学者都能轻松上手。

多年来，我研习了多种多样的长棍形式，直至今天仍在坚持练习。在我看来，尽管不能说这些形式（无论是单人表演还是双人演练）在实战训练中缺少价值，但在自由格斗中确实很难讲求形式。不过，形式仍是教授实战的好办法。根据我的经验，如果你想用长棍进行格斗，最好还是从长棍格斗本身开始进行系统的学习，而不是对格斗招式进行机械化的模仿。

长棍

长棍简史

长棍，或者叫长杆，无疑是人类历史上最古老、最常见的武器之一。史前时代，在人类学会把金属或石矛尖固定在棍子一端并制成武器前，长棍一直都是人们自卫的首选武器。长棍通常以硬木制成，长度则由其用途决定。例如，较短的棍子可以用作拐杖，而一些长达 9 英尺（约 2.74 米）或更长的棍子则可用于撑船。长棍与锄头、铁锹及其他长柄工具一样常见。在农业社会，由于百姓买不起剑或其他金属武器，长棍就成了最实用的武器之一。因此，世界上很多国家都发展出了自己的长棍格斗体系。时至今日，长棍甚至已经演变为家庭用品的一部分，在清洁工具和园艺工具中经常能看到长棍的身影。

在亚洲武术中，长棍被尊为"武器之王"，因为它能有效利用其他武器的弱点。有关长棍格斗技巧的记录最早见于中国，中国长棍格斗的历史已有数千年之久。中国的长棍通常以白蜡木制成，而印度的长棍则被称作"拉蒂"（lathi），通常以竹子制成。在菲律宾，长棍也叫"西巴特"（sibat），通常以藤条制成，而越南的"长康"（truong con）则以类似于藤条的竹子制成。在日本冲绳，长棍也被称为"康"（kon），通常由红橡木或白橡木制成。日本的"棒术"（bojitsu）发源于公元 1300 年左右，我们今天常说的"棒"（bo）即源于此，"棒"的全称是"六尺棒"（rokushakubo）。

在欧洲，长棍也被称为"四分棍"（quarterstaff），最早的记录可追溯至 15 世纪的德国。到了 16 世纪，英国民谣和罗宾汉故事的流行使四分棍得以普及。欧洲的作家们都认为四分棍是最好的武器，至少是所有手持武器中最好的一种。

今天，长棍的长度通常约等于使用者的身高。这是一个恰到好处的长度，既能保证有足够的触及范围，又不会因为太长而影响使用。值得注意的是，不同长度的长棍有各自的优缺点。较长的棍子在触及范围上有显著优势，而较短的棍子则更加轻巧，在速度上也更占优势。长棍的直径通常为 1 英寸（2.54 厘米），既可以整根粗细均匀，也可以由中间向两端逐渐变细。长棍的截面并不一定都是圆形的，有些长棍也会采用六边形或八边形的截面，这样可以使打击力集中在长棍边缘，并大幅提升单位面积的压力，将更多的力传递到目标上（这一点后文还会详细展开）。

历史文献中的长棍格斗画面，插图出自 1591 年德国某匿名手稿

要知道，相比于武器的质量，训练的水平才是更重要的。当你为保护挚爱挺身而出时，手边很可能并没有特别称手的武器，这时你就需要即兴发挥，利用触

手可及的临时武器，不管它是长还是短，是轻还是重，或者锋利与否。因此，我们在训练时必须大量尝试有着不同触及范围的武器，尽可能提高在实战中的胜算。

这就是为什么传奇武士宫本武藏（Miyamoto Musashi）在他的著作《五轮书》（*The Book of Five Rings*）中强调：你不应偏爱任何武器。

话虽如此，长棍仍是我的最爱！

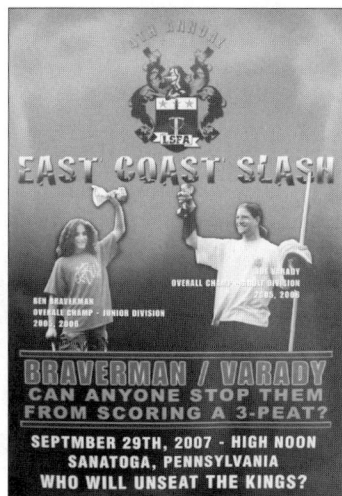

活钢格斗学院 2007 年
格斗锦标赛海报

长棍的艺术和科学

对格斗来说，艺术与科学是最重要的两个方面，它们就像阴和阳，是一个整体，是密不可分的两个方面。艺术源自人类的本能，是人类自我表达的方式，而科学则源自经验积累、数据分析和模式判断。总而言之，艺术和科学都决定了你能否在格斗中取得成功。

几个世纪以来，武术家，尤其是亚洲传统武术家，都将武术研究作为自我探索和精神成长的工具。专注训练可以培养自信力、自控力和身体协调能力。练习者旨在抵达"无心之境"（mushin），这是一种无须思考、跟随本能的境界。武术家最终将超越技术层面的固定动作，在训练中向着更高、更有意义的目标迈进，即抵达一种名为"开悟"（satori）的至高心境，一个自我实现、大彻大悟的时刻，即使它可能只是一瞬之间。

这是一种美好的追求，但归根结底，任何一门可靠的自我防御系统都植根于科学。了解战斗中的物理和心理原则，可以让你在面对对手时处于决定性的优势地位。就物理原则来说，最重要的是了解武器的性质，学会如何更高效地利用长棍。如何站立、如何发力、用长棍的哪一部分打击等，都是格斗能否成功的决定性因素。就心理原则来说，你需要预判对手的动作以及学会通过"套路误导"来引导对手的反应与行动。

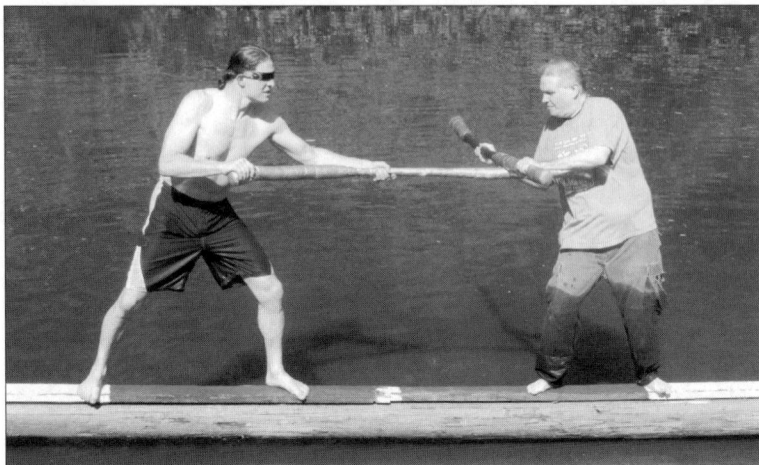

格斗，是艺术与科学的结合

最终，艺术和科学将合二为一，成为反映练习者水平的一种指标。只有刻苦训练、努力学习、不断成长，才能取得成功。

感知不可见之物。

——宫本武藏

厨房古武道

当我的教练进入教室时，他更像一名清洁工，而非一位空手道老师。教练先是拿出一部电话（那时的电话还有电话线）、一本电话簿（这听起来真的有年头了）、一个桶、几块抹布、一瓶清洁喷雾（里面其实是水），还有一把刷子、一个簸箕和一把扫帚。然后，他让我们每人从中选择一件物品，再找一个搭档，找个位置站好。接下来的几个小时里，我们探索了如何使用所选的"新武器"进行战斗。教练把这个环节称为"厨房古武道"。

古武道（kobudo）是源自日本传统武器系统的术语。它通常教导（也许是误导）人们格斗所用的主要武器，如拐、双节棍和叉等，都是从农具或其他日常用品演变而来的。其中，最具代表性的是六尺棒，通常统称为"棒"，这种武器可能源于一种叫作"天秤"的工具——一根横放在肩上、两端悬挂篮子或袋子的长棍。

　　一个不幸的事实是，当你最需要时，身上往往没有携带长棍。不过，我们周围有各种各样的临时武器，而你只需要找到它们。要知道，任何长度超过 3 英尺（约 0.91 米）的刚性物体都可以作为长棍使用，你可以将长棍格斗的技巧广泛地应用到各种日常物品上，如用拐杖、衣架、窗帘杆、落地灯、曲棍球棍、掉落的树枝、扫帚、拖把、铲子或耙子等进行有效的自我防御。

用扫帚充当临时武器

　　与其他武器相比，长棍的一个突出优势在于它拥有足够大的触及范围。你能够利用距离优势打击对手，使对手无法还击。这一点非常重要，尤其是在对手手执利器的情况下。因此，长棍格斗的技巧在任何武术课程中都应该是重要的一环。

熟悉长棍

全接触长棍格斗练习

1. 持续练习，直到长棍成为身体自然延伸的一部分。

2. 即使在练习中，也要保证打击干脆、防御严密。

3. 重的长棍打击力更强，也更适合防御，但太重会影响速度。重的长棍有利于锻炼格斗中需要用到的肌肉。

4. 轻的长棍更快，但打击力较弱，并且在强力打击或防御时有可能断裂。轻型武器更注重形式，适合自由格斗。

5. 光亮的保护层可能会妨碍你改变握棍方式。如果手在棍子上滑动时发出吱吱的摩擦声，你就该对长棍进行打磨了。

6. 在每次练习前请仔细检查长棍，用手轻轻抚过整根长棍，如果发现有刺，则需要在使用前进行打磨或贴上胶带。

7. 探索个性化的战斗风格，努力将长棍技能与你的基础流派或自卫的主要方法结合起来。

8. 学习任何新技能都需要花费时间。请循序渐进，巩固好一个阶段后再进入下一个阶段。

> 不积跬步，无以至千里；不积小流，无以成江海。
>
> ——《荀子·劝学》

强度

无论是套路演练还是实战对抗，决定效率的因素都在于强度。

强度使一位武术爱好者得以成为武术家，没有强度，任何武术都会失去灵魂。

那么，强度究竟是如何体现的？首先，从眼神开始，训练一种充满决心、体现意图和绝对认真的眼神。请集中注意力，将全部心思都集中在眼前的任务上。其次，不要太过紧张，因为紧张会让人反应迟钝。请进入一种准备就绪的放松状态，清除内心的疑虑，充满成功的信念。

我把这种转变称为"打开开关"，在我看来，进入状态就是这样一种感觉。上一秒我还在谈笑风生，一旦开始格斗，我的状态就会立刻转变。我会全神贯注于自己的意图，细细体会它。我将从眼神开始战胜对手，就像是要凭借意志取胜。

当思想完全集中时，强度就会在你的动作中有所体现，你会变得更快、更强。你越是专注，就越能通过动作体现意图。如果缺少专注和强度，武术就会沦为缺乏实际意义或与应用脱节的动作。

提高强度的好处不仅体现在武术上，还体现在生活的方方面面。像习武一样专注于生活将提高你的生活质量，充实你与他人的生命体验。正是这种品质使武术得以成为个人成长和超越自我的独特工具。

思想集中，眼神坚定

等级

我将长棍格斗体系划分为不同的逻辑阶段，以便练习者理解并掌握长棍格斗的基础。在前5个等级中，量身打造的练习将帮助你掌握最基本的技巧。

第1级：基础教学。这一等级将为我们建立一套完整的格斗风格奠定基础。基础教学从9种基本打击、基本应用和1个旋转（八字舞花）开始，目的是让你学会如何正确挥棍，学会如何安全地接触搭档的长棍。大多数传统棍法的训练止步于此，但对我们来说，一切才刚刚开始！

第2级：基本中握。这一等级的主题包括实战打击、锁定目标、连击、佯攻以及一些重要的格挡概念。在这一阶段，仅仅通过阅读获取理论知识是不够的，你必须动手制作训练装备，完成整套训练，如此才能见证自己的技能不断提升。

第3级：高级中握。在这一级，你将接触到长棍格斗中复杂的三维概念——高级中握的双重击打和钩式缴械。

第4级：基本延握。这一等级涉及使用延握技巧进行长距离格斗，就像在学习一种全新的武器。当你达到中级水平时，进一步扩大的攻击范围将使你的对手望而却步。

第5级：高级延握。在这一级中，你将从西方击剑技巧中汲取灵感，并学习一些行之有效的进攻方法。你将在中远程格斗中成为一名强大的战士。

第 6 级：长棍实战。是时候武装起来开始战斗了！这一等级的内容包括全接触的训练指导、缓冲武器的制作方法，以及实用的战斗技巧。最重要的是，我将介绍自己成功的秘诀——总体战略。你准备好了吗？

第 7 级：专业训练。想象你要制作一碗自助沙拉。第 1 级是碗，提供了承装内容的基本结构。第 2~4 级是沙拉中的生菜，第 5 级是叉子，第 6 级则是食用方法。但没有酱汁的沙拉会怎么样？食之无味。因此，我们来到了第 7 级—— 一个摆满酱汁的吧台，你可以学习各种各样的附加技巧来为你的棍术沙拉"调味"。

第 8 级：大师训练。高级长棍格斗包括近身战、徒手对抗长棍、一对多格斗等不同模式，你需要运用第 1~7 级中学到的所有技巧。

第 9 级：长矛之道。尽管你的长棍技能已经足够高超，但如果在长棍末端再加上一把锋利的刀，你就真的势不可当了。（警告：长矛训练非常危险，不适合新手！）

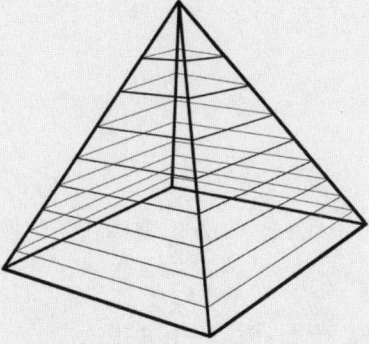

第 1 级　基础教学

Level 1: The Foundation

基本要义

长棍格斗的第一步就是学习基本的打击和格挡体系。这一级的重点在于熟悉长棍，学会正确握棍和挥棍。我们先不关心格斗的部分，或者说暂时不关心。我们可以把 9 种基本打击作为基础和框架，由此建立起一套实用的格斗技巧。为了实现这一点，我们将借鉴一种源自东方的形式概念——"型"（kata）。

"型"也称为"套路"，是一套预先设定好的动作序列，你可以运用"型"来对抗一个假想的对手。最基本的"型"由 9 个简单的动作组成。由于我们更关注战斗本身，因此"型"中不包括正式的行礼和鞠躬动作。但如果你的武术流派要求这两种动作，不妨将它们融入"型"中。

在练习基本动作时，应先以戒备势站好。采用标准中握持棍，左掌向下，右掌向上。双手相隔约一肩宽，两手将整根长棍恰好分成三等份。这样一来，右手就会处于主导位置（如果你是左利手，不妨将一切颠倒过来）。长棍的右端为棍梢，我们将在图片中以白色标记，长棍的左端为棍把，在图片中以黑色标记。

9 种基本打击共分为 4 种类型：向下、向上、水平和刺击。每种打击都从

初学者手臂上的棒击痕

准备动作或蓄力动作开始，类似挥拳前的收拳。接下来，用双臂推拉长棍，使其加速穿过目标。为方便练习，斜向打击最初应以 45° 角切入。在完成动作时，前臂应保持伸直状态，但不能僵直。假想攻击目标就在眼前，用长棍击打目标，在沿 45° 角穿过目标后猛然停住，利用身体的力量刹车，使长棍快速停下。由于长棍会不小心击中你的上臂，在开始阶段，你的手臂上常常会留下一些瘀青。我们将这些瘀青称为"棒击痕"，在熟练之后就不会再打到自己了。因此，初学者常常会把棒击痕当作现阶段努力学习和刻苦训练的临时勋章。

作为热身运动，所有阶段的练习大纲中都会包含第 1 级的基本打击。使用长棍热身可以拉伸手臂和背部的特定肌肉。开始的时候慢慢来，之后逐渐提升速度和强度，并始终保持动作完美。

姿势

姿势是指有效进行长棍格斗的站立方式。你需要牢记 3 种基本姿势：戒备势、前进步和后撤步。戒备势是一个很好的中立位置，在中握持棍时使用最频繁，而前进步和后撤步主要用于延握持棍。

戒备势：双脚前后分开至大约肩宽，使身体重量均匀分布在双脚上。这种姿势能够让你沿各个方向快速地移动。

前进步：从戒备势开始，将前脚向前滑动，直到双脚分开的距离大约是肩宽的两倍。弯曲前膝，重心稍微前移，使 2/3 的身体重量压在前脚上，1/3 的身体重量压在后脚上。前进步可以扩大攻击范围，使打击变得更加有力。

后撤步：从戒备势开始，将重心向后移，让 2/3 的身体重量压在后脚上，1/3 的身体重量压在前脚上。左利手的格斗者在后撤步中通常左脚在前。请压低身体，像

戒备势

蛇一样蜷起身体，准备发动袭击。始终保持双膝弯曲，因为伸直的前腿很容易被对手的重重一踢或一击折断。当你处于对手的攻击范围外时，通常采用后撤步，这有利于你在发现机会后迅速出击。

前进步

后撤步

基本打击

本书中，我们把第一击称为"击打 1"，第二击称为"击打 2"，以此类推。

1. 从右向左下

2. 从左向右上

3. 从右向左上

4. 从左向右下

5. 棍梢沿身体中线垂直向下

6. 棍把沿身体中线垂直向上

7. 从右水平向左

8. 从左水平向右

9. 用棍把从胸前向外刺击

9 种基本打击

理解线路

想要成为一名训练有素的长棍格斗家，你需要学习许多概念。其中两个重要概念是攻击线和中线。

攻击线：攻击线是指可以用来打击对手的线路。上段线指对手的头部和上半身区域，中段线指对手的身体中段及下腹，而下段线则通常指对手裆部以下，包括腿部和脚部。如果对手的长棍挡住了攻击路径，则该攻击线闭合。如果你和目标间没有障碍物，攻击线就是开放的。一位优秀的长棍格斗家不仅知道该如何打开对手对自己闭合的攻击线，还知道如何关闭自己对对手开放的攻击线。

中线：中线的概念在许多武术中都有所体现，包括西方拳击和中国的咏春拳。当你

上段线和下段线的攻击路径

正对着对手站立时，你的中线就是从身体中点出发双向贯穿身体的线，即鼻子到肚脐的连线。你身上许多脆弱的目标区域都位于中线上，包括鼻子、喉咙、太阳神经丛和裆部。因此，你需要保护自己的中线不受攻击。

在进攻方面，如果你能将自己的中线与攻击线对准，就能用长棍的两端来打击目标。如果你的身体侧对着对手，你只能从身体的一侧或者用长棍的一端有效地打击对手。你可以灵活运用步法，使对手始终正对你的中线，同时使自己避开对手的中线，让对手难以瞄准你。

中线

基本格挡

一旦你掌握了基本打击知识，就可以与搭档共同练习了。其中一人可扮演攻击者的角色，另一人扮演防守者的角色。在攻击者练习攻击招式时，防守者也应该学习如何格挡。

在这一阶段，前 4 步格挡和它们所格挡的斜向攻击动作相似，长棍的交会点恰好位于双方中间。这种格挡适用于

持棍相对站立

第 1 级的练习，使你能够相对安全地接触对手的武器。在更高的等级中，你还会学习用这些格挡技巧来有效攻击对手的手部（参见第 3 级的缴械格挡）。

格挡击打 1：格挡从右向左下的击打

格挡击打 2：格挡从左向右上的击打

格挡击打 3：格挡从右向左上的击打

格挡击打 4：格挡从左向右下的击打

格挡击打 5：格挡垂直向下的击打

格挡击打 6：格挡垂直向上的击打

格挡击打 7：格挡从右水平向左的击打

格挡击打 8：格挡从左水平向右的击打

格挡击打 9：格移中心直刺

　　上述格挡击打 5~8 都属于墙式格挡，我们将在第 2 级中详细介绍。格挡击打 9 实际上并不是格挡，而是格移，我们将在下一节具体阐释。

躲避、格挡和格移

有 3 种基本方式可用来防御进攻：躲避、格挡或格移。你可以根据具体情况进行选择，但你需要先理解它们之间的区别，以便有效地运用不同的策略。知识和实践将促进理解。

躲避包括躲闪、跳跃或利用步法避开进攻。最简单的躲避形式是向后移动，直到离开对手的攻击范围，但这也意味着对手离开了你的反击范围。更复杂的躲避技巧不仅能让你避开对手的攻击，还能让你处于易于反击的绝佳位置。但你只有读懂对手的意图并及时做出反应，才能有效地运用这些高级技能。

格挡和格移的区别在于是停止还是滑动。格挡意味着让对手的武器停下，通常需要施加与其大小相等但方向相反的力来阻挡其武器，而格移则意味着在保持对手的武器继续运动的同时改变其路径。格挡需要用更多的力让对手的武器停下，而格移则能够以较小的力让对手的武器偏离原本的路径。

格挡需要让对手的长棍停下，这种快速、有效的防御方式以精确的力学原理为基础：一种是用相等的力量来对抗来袭的力量，而另一种则需要充当动能的吸收器，耗尽对手长棍的动能，使其停止。我们将在附录 I "格斗物理学：长棍的力学原理"中展开讨论，该部分由克里斯·霍尔撰写，收录在正文之后。

前文提到的格挡击打 9 就是一种格移。当对手发动进攻时，用长棍垂直拦截对手长棍的中心直刺，使其微微偏离原本的攻击线

如果你的动作轻柔灵巧且时机把握准确，对手几乎无法察觉到你的格挡。对手如果没有意识到你已经拦截了他的攻击，就会继续直刺，暴露自己，你就可以快速反击

步法

步法决定了你能否在打击对手的同时避开对手的反击，是长棍格斗的关键所在。步法的总体原则是使身体重心处于稳定但可以灵活移动的状态，始终用脚掌轻轻触地。

长棍格斗包含两种基本步法——滑步和迈步。

滑步：滑步类似于拳击步法，前脚向着想去的方向迈出一小步，后脚迅速跟上。向前移动时，先移动前脚，然后后脚跟上。向后移动时，后脚先后退一小步，然后前脚跟上。同样，向左移动时用左脚引领，向右移动时用右脚引领。

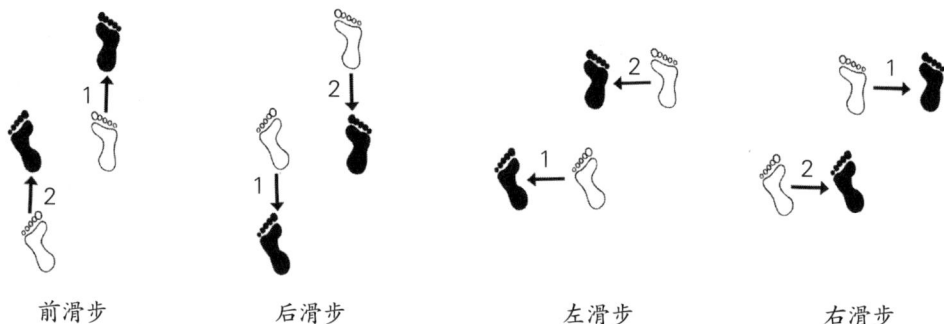

前滑步   后滑步   左滑步   右滑步

迈步（上步和撤步）：你可以向前或向后迈出一整步，这不仅可以改变你和对手之间的距离，还能够改变你的姿势。在宫本武藏的经典著作《五轮书》中，最具破坏力的打击正是采用这种步法。尽管《五轮书》侧重于剑术，但对长棍格斗来说也是如此，因为迈步能让你的质量和动量更多地注入打击中。我并不建议你采用左右迈步，因为这会使你双脚交叉，即使只是暂时的，也对你不利。

上步   撤步

八字舞花（向下、向上）

旋转长棍最初看起来是一种华而不实的练习，像一名啦啦队员在挥舞一根巨大的指挥棒，但学会并熟练操纵长棍是战斗训练的重要课题。快速旋转长棍（也称为舞花）能够迷惑对手，隐藏自己的意图，使你能够从对手意想不到的角度发动攻击。你还可以用八字舞花来格移对手的长棍，然后迅速以另一端进行反击。防御时，你也可以通过舞花来摆脱对手的纠缠，躲避缴械攻击。

简单的向下八字舞花包括 4 次连续打击。①从标准戒备势开始，右手掌心向上，左手掌心向下，沿左臀到右肩的位置倾斜持棍。②棍梢向右下挥舞；③将左臂移至身体右侧；④棍梢上挑并向前旋转；⑤棍梢从右向左下打击；⑥棍把从右向左下打击；⑦棍梢从左向右下打击，接着棍把从左向右下打击（回到①）。反复练习这些动作，直到你能流畅地一次性完成所有打击。

向下八字舞花

向上八字舞花在刚开始练习的时候会有些困难，但通过不断练习，你可以把它练得和向下八字舞花一样迅速流畅。练习向上舞花时，先向下做八字舞花，然后减慢动作直到停下。接着，逆转长棍的方向，沿同样的路径反向挥舞长棍，从左到右、从右到左交替斜向上打击。

双手靠得越近，长棍就舞得越快。但这样一来，打击也会因为缺少杠杆的作用而失去力量。

第 1 级练习大纲

目标：独自或与搭档一起练习基本打击，直到形成肌肉记忆，动作变得流畅且自然。这意味着你需要突破身体的极限，强迫身体找到执行每种技巧最有效的方法。为此，你需要一遍又一遍地重复练习相同的打击动作，同时掌握不同的步法。你必须练习到身体和长棍融为一体。

1. 热身：进行 5~10 分钟的向下八字舞花练习，刚开始时要慢一些，然后逐渐加速。接着进行向上八字舞花，先原地练习，再加入步法。

2. 基本打击：将以下每项练习重复 1~3 次。首先，独自进行每项练习，对着空气打击，注意找到正确的发力方式。然后，与搭档共同练习，交替进行打击和防御。

（1）原地练习 9 种基本打击，右腿在前。

（2）原地练习 9 种基本打击，左腿在前。

（3）练习 9 种基本打击，每次打击时滑步前进。

（4）练习 9 种基本打击，每次打击时滑步后退。

（5）练习 9 种基本打击，交替滑步前进和后退。第一次打击滑步前进，下一次打击滑步后退。接着改为 2 次打击滑步前进，2 次打击滑步后退。然后改为 3 次打击滑步前进，3 次打击滑步后退。

（6）练习 9 种基本打击，每次打击时上步。

（7）练习 9 种基本打击，每次打击时撤步。

（8）练习 9 种基本打击，交替上步和撤步。第一次打击上步，下一次打击撤步。接着改为 2 次打击上步，2 次打击撤步。然后改为 3 次打击上步，3 次打击撤步。

（9）练习 9 种基本打击，向左滑步。

（10）练习 9 种基本打击，向右滑步。

（11）每周完成几次上述练习，既要独自练习也要与搭档共同练习。刚开始的时候，你可能觉得这种重复练习枯燥乏味，但只要持之以恒，就能见证决心与自律的回报，认真持久的训练将使你的长棍技能显著提升。

建议你以日志的形式记录下每次训练的情况，包括训练内容的简短摘要。为自己设定一个目标，比如每周至少训练一定的天数或小时数，或是进行一定次数的上述训练（建议至少 10 次）。设定易于实现的短期目标是保持动力的好方法，使你能够向着成为长棍高手的长期目标不断迈进。

训练日志：

示例

11 月 5 日，星期六，我进行了 60 分钟的第 1 级练习。现在我已经熟悉了 9 种基本打击，但边打击边迈步还是很难。或许我在练习时太过紧张，训练后肩膀会感到酸痛。我下次的目标是：改善步法并学会放松！

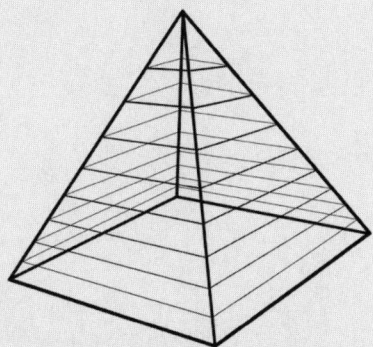

第 2 级　基本中握

Level 2: Basic Middle Grip

第2级与第1级的动作基本一致，不过既然你已经掌握了基本动作，现在就可以侧重格斗的应用，而不是基本技能的学习了。

格斗姿势

在第2级中，我们将引入格斗站姿。从防御角度来看，这种姿势有利于保护自己最容易受到攻击的部位。从进攻角度来看，蜷缩的姿势有利于实现更短、更快的打击，步法也会更加轻盈。

想要进入格斗姿势，你需要微微屈膝，将重心轻轻转移到脚尖上。格斗姿势会降低你的重心，使你变得更轻盈、更稳固。想象自己正在面对一次攻击。收紧肚子，将肩膀向前伸，微收下巴，使自己像拳击手一样处于防御性的半蹲戒备势。你应该像拳击手那样，以前脚掌为轴，转动臀部进行打击，尽可能保持脚趾朝向对手，确保你的身体正对着对手。

与第1级一样，在第2级中我们也采用中握持棍。中握可以保证双手间有足够的部分用于格挡，同时发挥杠杆作用，使出比近握更强有力的打击。中握的优势在于，你可以利用长棍两端来分散对手的注意力。当长棍两端同时向前挥舞时，对手就不得不猜测下次打击会来自哪一端。

还有一种变化的姿势是将棍梢指向对手的喉咙。尽管这会削

第1级　　　第2级

采用中握持棍

弱用棍梢全力打击的效果，却意味着你可以向对手使出刺击。我们还会在第 5 级中介绍一种快速打击，你将学习在面对防守时如何有效地用棍梢直刺。

实战打击

在第 2 级中，斜向打击通常采用更陡的 70° 角，沿着肩部到臀部的方向进行打击。这样的打击比第 1 级中的 45° 角打击更难以躲避。在"锁定目标"一节中，你将学习用斜向打击来击中象限内处于任何角度的目标。

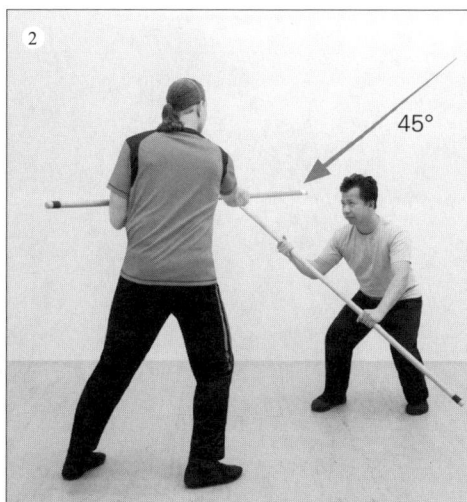

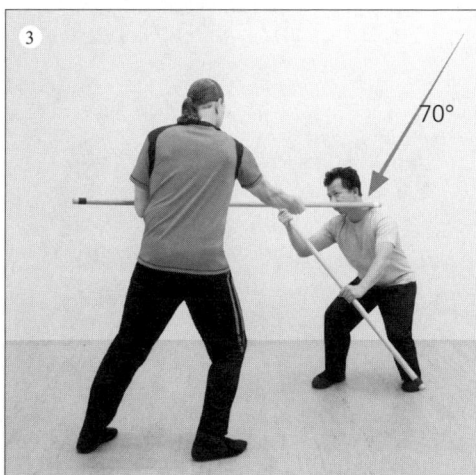

躲避：对同一目标进行打击时，70° 角的打击（图③）比 45° 角的打击（图②）更难以躲避

在实战中，速度是能否成功打击对手的决定性因素。与第1级中每次包含完整蓄力动作的打击不同，在第2级中，打击应在力度不变的基础上缩短准备时间，变得更加紧凑。刚开始可能会颇有难度，因为你需要学会迅速摆臀的技巧。奇数号的基本打击（除基本打击9外），即棍梢打击且从右到左的打击通常需要身体向内扭转，以及武器相接时手与手腕发力（剑道中常常采用这种扭转动作来增强击剑的力量），因为这种反向力量可以稳稳地将长棍推向目标。然而，扭转动作并不适用于偶数号基本打击的受力与施力，即以棍把打击目标的动作，这些动作依靠前手向前、后手向后的手臂推拉与迅速摆臀来获得力量。

长棍动力的基本来源见下图。

双手向内扭转

手臂推拉

在推拉的同时迅速摆臀

范围、距离与死圈

双方保持合适的距离

你必须理解不同的范围，学会正确使用（或不使用）手中的长棍来调整双方之间的距离。合适的距离意味着你恰好处于对手的打击范围外。

用棍把打击时触及范围最小。因此，棍把打击通常用于近战。相比之下，棍梢打击的触及范围更大，使你可以在不实施打击时处于对手的触及范围外，在发起攻击前拉开安全距离。

为了击中更远的目标，对手将不得不移动双脚。你的目光应紧随对手的身体，观察其脚上的任何动作，这也意味着你有足够的机会后退，保持与对手间的距离，使自己处于对手的有效打击范围外。对高效的长棍格斗家来说，步法和掌控距离是必须学会的联动技能。一位娴熟的长棍格斗家能够在预判对手的动作后采用恰当的步法，通过掌控距离来掌控战斗。

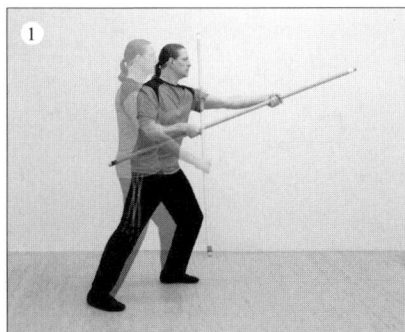

触及范围的演示：中握时棍梢打击的最大触及范围（图①）明显小于延握时滑动刺击的最大触及范围（图②）。如果你想以棍把打击实现同样的触及范围，则后脚需要向后迈出一整步（图③）

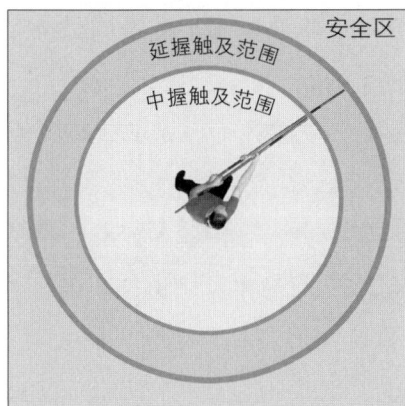

长棍触及范围内为死圈，触及范围外为安全区

如果你能想象出"死圈"就再好不过了，不妨花点时间确定长棍的有效触及范围。这样一来，当对手位于死圈外时，你就可以尽可能地节约精力了。而一旦对手进入死圈，你就应该毫不犹豫地予以攻击。

你不必总是等待对手进入你的死圈，也可以主动迈步向对手靠近，迫使其进入你的死圈。

采用中握时的死圈会小于延握时的死圈，但这并不意味着延握就更具优势。两种握法都有各自的优缺点。我们将在第 4 级中详细讲解延握。

锁定目标

与旨在切割、刺伤血管和内脏的刀剑等武器不同，长棍是一种冲击性武器，更适合应用于容易受到钝力打击的目标。

长棍打击的目的基本上可以分为分散对手注意力和使其失去作战能力两种。分散注意力指本身不会使对手失去作战能力的攻击，比如瞄准手部或膝盖的打击。这些打击旨在创造机会，为使出一记关键性打击做铺垫。尽管分散注意力的方法在总体战略中至关重要，但仅仅使用这种方法并不足以击败一名强大的攻击者，它只是为一次有力的关键性打击创造机会。关键性打击包括对面部的刺击等，通常会造成更严重的伤害，使对手无法继续战斗。

打击可以分为结构性攻击和神经系统攻击两种。结构性攻击旨在破坏和碾压对手的肌肉、骨骼或关节，主要攻击部位有膝盖、髋部、肩部、肘部和手部等。神经系统攻击则会造成疼痛、肌肉萎缩，甚至使人失去意识。不论是打击（或多次打击）大腿外侧的坐骨神经导致的腿麻痹，还是打击太阳穴或颈动脉（从肩部到耳顶）导致的昏迷，都是神经系统攻击的一种方式。还有一些攻击既属于结构性攻击也属于神经系统攻击，这类攻击常常是针对敏感中线目标（如眼睛、鼻子、喉咙、太阳神经丛和裆部等部位）的刺击。

尽管每次打击有既定的线路，但打击目标有时会变化或移动。因此，我们需要明白，每种基本打击也可以采取略微不同的角度。例如，击打 1 可以瞄准太阳穴、颈动脉、肩关节、肘部或手部。击打 2 可以攻击膝盖、大腿外侧、髋部、肋骨或肘部。向下

如图所示为一记失控的直刺对面部造成的伤害。尽管不得不暂时退出战斗，但迈克勇敢地克服了伤痛

的垂直打击（击打 5，图中未展示）可以攻击颅骨、锁骨、肩部和手部。向上的垂直打击（击打 6，图中未展示）可以攻击裆部、手部和下巴。水平打击（击打 7 和击打 8）可以攻击从太阳穴到膝盖的一系列目标，包括肘部和手部等。刺击（击打 9，用星号表示）可以有效地攻击面部、喉咙、太阳神经丛和裆部。

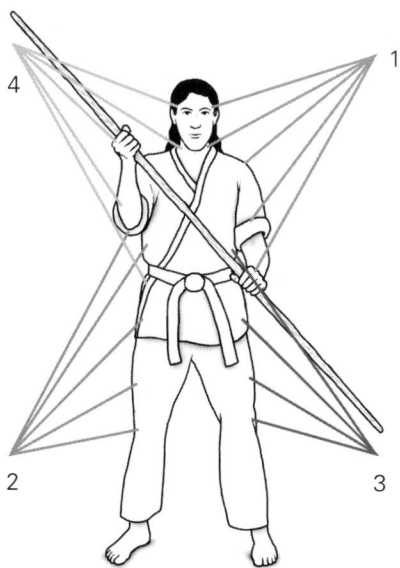

对角线打击的目标

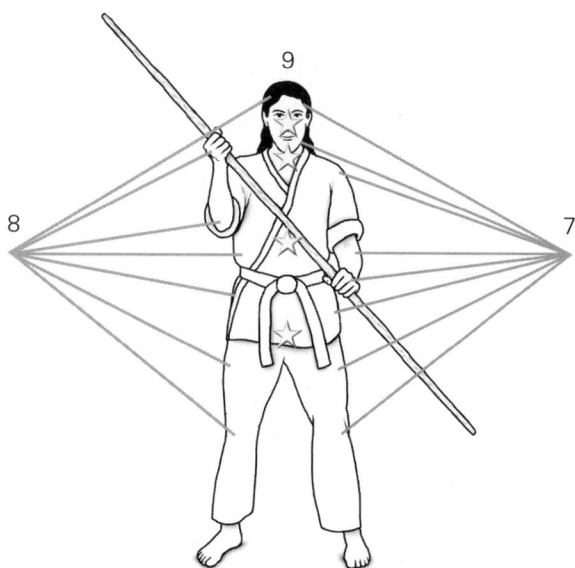

水平打击和刺击的目标

你需要在进攻时打击距离你最近的目标，通常是手部和膝盖。然而，对手部和膝盖的打击一般只起到分散注意力的作用，可能无法造成足够的结构性损伤来阻止对手。因此，你必须立即抓住机会进行有力的关键性打击。动用所有技巧，从各个角度、各个层次不断地攻击可行的目标，直到对手无法继续战斗。根据战斗的实际情况尽可能地克制攻击，以使用最小的力量来控制局势。这对初学者来说也许很难，但随着你的长棍技能不断提高，你将渐渐具备这种能力。

训练装备：棍靶

棍靶是一种重要的训练工具，用于培养打击的准确性，如同拳击手用于锻炼出拳准确性的手靶。不同之处在于，在练习长棍时，手持手靶距离武器太近，会给搭档带来危险。因此，出于安全考虑，我们可以用棍靶拓展安全距离。尽管棍靶无法锻炼打击的强度，但它可以灵活移动，从而锻炼打击的距离感和准确性。

制作棍靶的第一步是找到一个手柄（可以使用破旧或磨损的长棍）。最好采用较长的手柄，至少要有 2 英尺（约 0.61 米）长才能保证搭档的手尽可能远离练习者的打击范围，尤其是在训练初期。用一些缓冲物包裹棍子的上半部，如一块旧地毯，但这种材料较沉。而泡沫橡胶，尤其是橡塑保温管等绝缘材料则更轻，也更加耐用。无论使用什么缓冲物，都要保证末端足够厚，这样打击起来才不会太硬。用强力胶带缠绕以增加耐用性，然后就可以开始练习了。

尝试用基本打击攻击棍靶。让搭档以不同高度手持棍靶，从简单的预设模式开始（例如低—中—高或高—高—低—低），逐渐过渡到自由瞄准，即让搭档随机移动两根棍靶，练习者试着打击它们。搭档可以一边后退（前进或绕圈），一边慢慢改变棍靶的高度。注意动作与形式，打击时不要太过用力。记住，棍靶的练习旨在培养打击的流畅性和准确性，而不是练习力量。千万小心，不要击中搭档的手，搭档最好戴上防护手套以防万一。

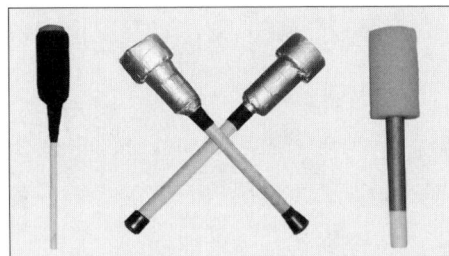

你可以自由发挥，任意选择棍靶的材料。我曾尝试过制作各种各样的棍靶，如图所示，最左边的黑色棍靶就是一个胶带包裹的空塑料水瓶。你不妨发挥想象力，充分利用身边的资源。

连击

单次打击很难使对手丧失战斗能力，这时候就需要用到精心设计的连击来发起攻击。双端武器的一大优势就是能快速连续地打击对手身体的不同部位，使其难以格挡。由于最初几次的打击往往不难判断，因此一个基本的策略是，你可以先打击一个目标，引诱对手在那一侧进行格挡，然后在对手做出反应并再次格挡前，迅速打击其身体另一侧的目标。

在第 1 级中你已经熟悉了基本打击的连击。使用长棍两端连续打击时，最有效的方式是使长棍保持在同一平面上。例如，不仅击打 1 和击打 2 可以整合为基本连击（连击 1），击打 2 和击打 1 的倒序组合也同样有效。同理，对击打 3 和击打 4、击打 5 和击打 6（连击 2），以及击打 7 和击打 8 的组合来说，倒序也同样有效。你的目标是能够将单个技巧迅速组合成有效的连击，以应对实战中的不同情况。

连击 1

从中握戒备势开始

向前滑步，以对手颈动脉为目标使出击打 1

如果对手格挡了你的第一击，立即以击打 2 攻击其肘部或肋骨

连击 2

从中握戒备势开始

向前滑步，用击打 5 攻击对手暴露的头部

如果对手格挡了你的第一击，立即上步，用击打 6 攻击其裆部

连击并不限于基本打击模式的两两组合。两侧高位攻击的组合也十分有效，比如在快速进行击打 1 后，紧接着使出一记击打 4（连击 3）。同样，你也可以将击打 2 和击打 3 组合起来，快速连续攻击对手肋骨两侧。每次打击都应该能够制造空当或者为下一次攻击做准备。连击也不限于两三种打击的组合。但要记住，较短的连击更方便记忆，也更容易应用于实战中。

连击 3

从中握戒备势开始

向前跳跃，瞄准对手手部使出击打 1

立即上步，朝对手颈动脉使出向下的击打 4

　　有效的连击需要搭配灵活的步法，并为打击目标设定优先顺序。你需要从开始位置滑步或上步，以缩短与对手的距离并使对手进入打击范围。以连击 3 为例，此时对手的手部是距离你最近的可攻击目标，你需要快速迈出前脚以缩短与对手的距离，然后用击打 1 攻击对手的手部（分散其注意力），最后，再向前上一整步，用击打 4 攻击其右侧颈动脉（使其失去作战能力）。当然，你可能需要多次使出关键性打击才能最终击败对手并完全控制局势。

连击 4

连击 4：对手的头部有破绽

滑步向前，向对手颈动脉使出击打 1，但被格挡

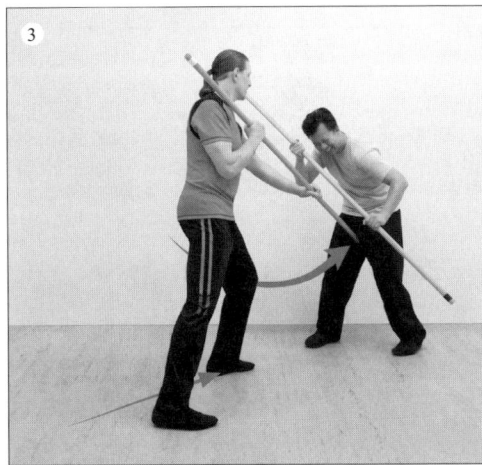

由于对手的长棍处于竖直状态，很难格挡垂直方向的打击，你可以迅速以击打 6 攻其裆部

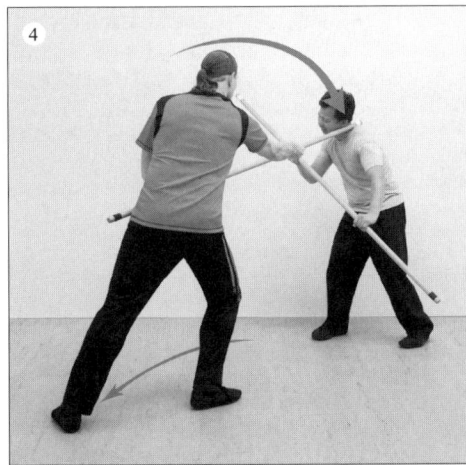

为防御裆部打击，对手会将武器拉向下段。由于此时你距离对手很近，可撤步并向其颈动脉使出击打 5

佯攻

聪明的格斗者不仅了解武器的优势（和劣势），还知道如何利用这些优势来干扰和击败对手。正如前文所说，长棍的一大优势就在于它是一种双端武器。如果你能巧用长棍，就能使对手无法预判你的下一次打击将来自哪一侧，由此我们将引出佯攻的话题。

　　佯攻是为打击创造空当的绝佳方式，通过看似全力进攻的动作引诱对手做出判断与反应。一旦对手上当，你就应该缩短第一招式的进攻时间，以便在对方仍防御第一次攻击时，从相反方向发动第二次进攻。和连击一样，基本打击也可以两两组合用于佯攻。例如，击打 1 和击打 2 的组合用于佯攻或连击都十分有效，并且也可以采用相反的顺序组合。同理，击打 3 和击打 4、击打 5 和击打 6、击打 7 和击打 8 也可以两两组合用于佯攻。

　　在佯攻时，要坚持你的首攻，直到确认对手已经完全投入防御且一时间难以改变行动计划后，再迅速流畅地转向第二次打击。如果时机正好，你的第二次打击将在半拍（而不是整拍）时到来，使对手无暇做出反应。

　　如果对手没有防守你的佯攻，它就会成为一次简单的打击。

佯攻

对手的头部有破绽

滑步向前，快速使出一记击打 5，在确认对手完全投入格挡后才能改变动作

对手的长棍正在上段格挡头部的攻击，很难及时格挡针对其下段的打击。这时你就可以停下第一次打击，在迅速上步的同时，利用对手下段开放的攻击线以击打 6 攻其裆部

战略与战术

在国际象棋比赛中，象棋大师们常常会提前规划好棋子数步的走法，给对手设下圈套以赢得比赛。这样的思路也适用于长棍格斗。但你该如何提前思考三四步呢？毕竟你并不总是能够预判对手的反应。你需要采取一种战略来预测对手下一步的动向，并及时做出有效反应。战略就是整体作战计划，而实施计划的具体方法则称为战术。

尽管有无数种战略可供选择，但在此我们先介绍一种简单的三步战略。

1. 进攻：寻找对手身上的开放目标并发起攻击。如果你的打击能够命中目标，一定要乘胜追击，迅速打败对手（先以分散对手注意力的方式，然后补充一记关键性打击）。如果对手挡住了你的攻击，或者你由于犹豫或其他原因，没有抓住机会立即反击，请迅速回到戒备势组织下一轮攻击。

2. 佯攻—进攻：立即再次攻击同一个目标。如果你的打击命中，一定要乘胜追击并迅速打败对手。如果你预判自己的打击将被格挡，就将这次打击变成佯攻，用长棍另一端攻击对手身体另一侧的目标。如果对手成功格挡这两次进攻，请迅速回到戒备势组织下一轮攻击。

3. 双重佯攻—进攻：如果对手挡住了你的前两次进攻，可采用双重佯攻。首先佯攻第一个目标，然后佯攻第二个目标，最终将所有力量都用于第三次进攻。

通过事先制订战略，你将能够更好地应对对手，就像国际象棋大师一样，你也可以有清晰的作战计划。你的每一步将不再是随机应变的技巧，而是一种系统性、有逻辑的计划，这样能更好地帮助你一步步控制局势从而战胜对手。

当面对不同的对手和不同的情况时，你还需要灵活调整战术，使你的战略在任何情况下都能发挥作用。

> 是故胜兵先胜而后求战，败兵先战而后求胜。
>
> ——孙武《孙子兵法》

训练装备：训练桩

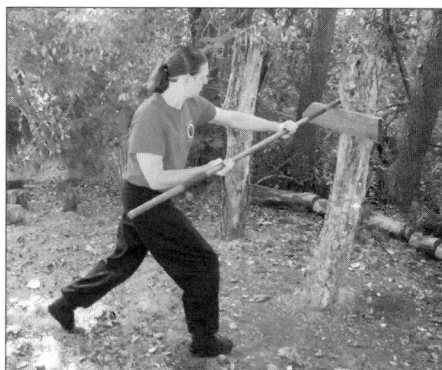

训练桩

> 每名新兵都在地上稳稳竖起一根高 6 英尺（约 1.83 米）的桩子，用柳条盾和木棍与桩子进行对战练习，仿佛在与真正的敌人对抗。有时他们会瞄准桩子的"头部"或"面部"，有时会从侧面进行打击，有时会集中打击其"膝盖"和"腿部"。他们后退、进攻、发动袭击，动用实战中所需的技能和精力全力以赴地攻击……
>
> ——古罗马将军弗拉维乌斯·雷纳图斯（Flavius Renatus），
>
> 约公元 400 年

在武术中，我们通过不断重复动作，长期积累"肌肉记忆"来习得技巧。但是，仅仅对着空气练习打击与刺击并不能磨炼实战技巧。为了追求动作的力量感和流畅性，你必须针对打击目标进行训练。

训练桩（pell，源自拉丁语"palus"，意为柱或桩）是一种古老的武术训练工具，广泛地应用于世界各地的武术训练中。训练桩通常是一段树干或插在地上的木桩，可以粗略地模拟人体。在日

利用训练桩练习

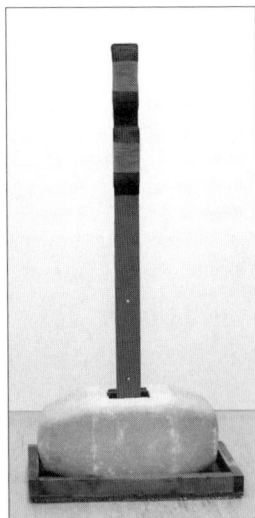

自制训练桩

本，训练桩也称为"卷藁"（makiwara）。现代的训练桩还包括各种各样的桩和悬挂的重沙袋，为长棍训练提供了更多可能。

长棍格斗者与训练桩对战就像拳击手用沙袋练习那样有效，它能让人集中注意力，从而培养格斗者的专注力、打击准确性、力量感和距离感。训练桩带来的阻力有利于让你真实地练习连击，这是空气打击所无法替代的。训练桩还可以为每次打击提供即时反馈，以矫正打击技巧。此外，专注的打击还需要整个身体协调一致。因此，当你在训练桩周围不断躲避与穿越进行佯攻和打击练习时，你的协调性也会有所提升。

尽管最终你必须锻炼打击的力量，但不用力的打击可以锻炼准确性，培养正确的用力方式和步法，使你更快进步，最终深入理解技术背后的框架和结构。

一个又好又实惠的训练桩可以由一根 8 英尺（约 2.44 米）长的圆木或类似的长木柱制成。挖一个约 2 英尺深的洞，将木桩插入其中，然后用混凝土将它固定在原地。显然，你不能在下雨时把这样一根训练桩带进屋里。因此，在长年累月的打击和暴露在室外的磨损中，一根训练桩的寿命通常只有几年。

你也可以制作一个独立训练桩。用装满混凝土的轮胎来固定木桩底部，这样一来，训练桩就能够随时移动，并且可以使用更长时间。填充轮胎时，用胶带把塑料袋粘在轮胎底部内侧，防止混凝土漏出。在倒入混凝土 15 分钟后，木桩就可以立住，1 小时后你就可以随意移动它了，但请尽量等待 5 天后再将其投入使用（这一步总是最难熬的）。

你也可以不动手制作，只需找到一棵树或一根废弃的电话杆即可。用树木训练时，请用保护垫包裹住树干，以免对它造成伤害。

反复打击坚实的木柱会给长棍和你的身体造成负担，因此，最好在训练桩上包裹一些缓冲垫。这样不仅可以延长长棍的使用寿命，还可以减少对身体关节的伤害，邻居们也不会再因刺耳的打击声而抱怨了。旧地毯效果不错，除此之外，也可以使用泡沫橡胶或者旧毛巾。用胶带固定好缓冲垫，并根据需要进行更换。你也可以用轮胎甚至粗绳等软材料来制作训练桩，以减少冲击和噪声。

由轮胎和粗绳制成的训练桩

在有了打击目标之后，也许你的第一反应就是想测试自己打击力量和速度的极限，但请记住，用训练桩训练的重点在于通过肌肉记忆学会各种技巧。你需要在练习中不断评估动作的结构和完成度。开始时，先慢慢用各种技巧打击训练桩，直到自己能够正确、熟练地完成动作。当动作不协调或不准确时，应该放慢速度，直到问题完美解决。变换攻击方式，练习各个角度与各个等级的所有技术。在不暴露意图的前提下，尝试欺骗性打击，并将所有力量都集中到打击点上。记住，要使长棍加速穿过目标，而不是浮于表面，同时，要小心，别弄坏了长棍或者重沙袋。

悬挂的重沙袋比站立的训练桩更有优势，因为前者能对你的打击做出动态反应。悬挂在长链或绳子上的帆布沙袋是最好的选择。

与柱子相比，重沙袋可以移动，在受到打击时能够更真实地弹开。你可以将

利用重沙袋练习

沙袋挂得更高一些以增加摆动幅度。你还可以从一开始就让沙袋处于摇摆状态，或使其跟随打击摆动。有时沙袋甚至会自己"逃跑"，迫使你在它摆到顶点并迅速回弹前乘胜追击。在没有搭档的情况下，沙袋是你学习应对移动的对手的最佳工具。

即使训练桩是固定的，你仍然可以通过改变攻击角度或在攻击范围内、外移动，以及从一个空当到另一个空当（高、低、左、右）进行打击和刺击来改进步法和动作。事实上，你应该把所学的每一项技术都应用于训练桩，在交替进行打击与伴攻的同时，练习刺击的准确性。你还可以利用训练桩练习连击，将简单直接的打击发展为一系列逻辑清晰的技术。花

一个迷你但装备齐全的训练场

时间研究每种连击，直到这些技巧在无数次的练习中化作肌肉记忆。

有规律地大量练习。用训练桩或重沙袋进行日常练习有利于改善身体素质并磨炼长棍技巧。穿戴好格斗中所需的所有装备与训练桩对战吧！如果你习惯戴头盔和手套，就在练习前先戴好它们。

你还可以用弹力绳或旧空手道带子将武器系在训练桩上，或者将一根旧长棍系在训练桩上来练习格挡或其他武器技巧。不断改变训练的内容和装备有利于避免单调，防止你止步不前。无论你有多大的决心，单调的练习都是一种巨大的考验。

防御：格挡墙

在第 1 级训练中，斜向格挡与斜向打击的动作大同小异。然而，这些动作可能会使身体的某些部位暴露在外。在格挡时，你需要让长棍与对手打来的长棍保持垂直，通过最大限度地强化格挡表面来创造一道格挡墙。你应该用有力的反击来阻挡对手，而不是眼睁睁看着对手打过来，否则对手可能会突破你的格挡。事实上，纯粹的防守格挡作用有限，尽管它可以挡住眼前的攻击，却无法抵挡下一次攻击或做出有效的反击。只有主动格挡并随着格挡上步，才能打破攻击者进攻的势头。格挡时，让你的长棍与对手打来的长棍保持垂直能够有效防止对手的长棍滑向你的手。

你可以先练习在原地格挡，然后练习后退（防守性）和前进（进攻性）格挡，最后是自由格挡（根据需要变换步法）。高级格斗者应注意在练习中改变打击顺序，这样才能在格挡时学会如何预判每种攻击的蓄力动作。请在不同条件、不同环境下，使用不同的训练装备进行练习。

船越义珍（Gichin Funakoshi），松涛馆空手道创始人，图为他正在演示如何进行墙式格挡

　　在学会一种技巧的同时，你也应该了解对付它的方法，因为你既要用这一技巧来对付别人，也要防止别人用这种方法来对付你。比如墙式格挡就可以通过一个时机准确的佯攻来化解，你可以先诱使对手全力格挡你的攻击，然后迅速改变方向攻击其未设防备的一侧。你还可以用单剑技巧晃过对手的长棍来化解墙式格挡。这是一种来自击剑的技巧，通常需要在你的长棍与对手长棍相交后转移至对手长棍的另一侧。一旦越过对手的武器，你和目标之间就畅通无阻了。

　　墙式格挡的弱点在于你双手的另一侧是暴露在外的。如果对手瞄准你的手，或者你的手恰好挡在对手攻击的线路上，你唯一的选择只能是迅速张开手。由于你需要保证两个接触点来稳住长棍，所以请用张开的手掌紧压长棍，保持接触长棍，这样你才能在危险化解后立即重新抓住长棍。

墙式格挡在实战中的演示。请注意，有时你需要张开手掌以免手被击中

第 2 级练习大纲

目标：①学习如何瞄准，掌握距离和步法，培养打击的准确性和力量感，确保在战斗中能有效地使出 9 种基本打击。②培养技巧的准确性，在与搭档共同练习时确保安全。③学习正确使用墙式格挡（包括掌握相关的步法和时机）。

1. **热身：**进行 5 ~ 10 分钟的向下八字舞花，先慢后快。一边舞花，一边交替加入不同的打击。转动，转动，打击！转动，转动，打击！随后加入向上八字舞花和基本步法（前进、后退、左右移动、环绕）。

2. **瞄准、控制：**以搭档为目标进行 9 种基本打击。贴近搭档打击，但不要实际接触。首先单独练习每种打击，然后两两组合，并逐渐增加到 3 ~ 5 种技巧的组合。

主要目标：对手的前导手和前导脚踝。

次要目标：对手的颈动脉（肩膀到耳顶）、肘部、膝盖。

刺击目标：对手的面部、喉咙、太阳神经丛、裆部、大腿、脚。

3. **准确性、距离感：**与手持棍靶的搭档练习基本打击。首先让搭档将棍靶放在其太阳神经丛附近练习 9 种基本打击，然后将棍靶放在颈部重复 9 种打击。接下来，将棍靶放在大腿位置，再次重复 9 种打击。最后，在每次打击时变换棍靶的高度。

4. **力量：**用训练桩（重沙袋、柱子或树）练习 9 种基本打击。使用结实的长棍练习，注意不要将它打断！首先单独练习每种打击，然后两两组合，再逐渐增加到 3 ~ 5 种动作的组合。同时练习步法，由远及近，在佯攻和连击的同时，逐渐缩短与搭档之间的距离，然后以不同角度退出。

5. 防御：与搭档一起练习 9 种基本打击和格挡，这次采用墙式格挡。先原地练习，再加入前进、后退和环绕等步法。

继续在训练日志中记录每次训练的要点，包括每节所学内容的简短概要。为自己设定一个新目标，可以从增加每周最低训练天数或小时数开始，或者增加上述训练的次数（建议至少 10 次）。保持积极自律的心态，勤奋、有规律地练习。这些练习将不断提高你的长棍技能，加深你对长棍格斗的理解。

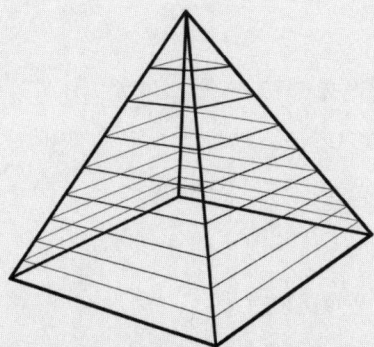

第 3 级　高级中握

Level 3: Advanced Middle Grip

在第 3 级中，我们将着重学习双重击打、钩式缴械与一些高级的格挡招式，比如缴械格挡。在练习缴械时，搭档应佩戴手部保护装备，这样既可以有效保护其手部，也可以让练习缴械的一方在不伤害搭档的前提下，释放一定力度。不建议使用泡沫类的保护装备，因为这种护具往往不包裹拇指，而在缴械练习中，拇指经常会受到打击。建议佩戴剑道护手或类似带有垫衬的防护手套，如曲棍球或棍网球手套，也可以选择重型焊工手套，或者带有防护塑料板的摩托车手套等。

剑道护手　　　盔甲护手　　　击剑手套　　　棍网球手套　　　摩托车手套

双重击打

在双重击打时，仅抡棍一次就能击中对手两次。要使出双重击打，首先你需要一套完整的蓄力动作（回忆一下第 1 级），用准备好的一端先打击，再用另一端全力打击。记住，这不是两个单独的动作，而是将一次抡棍拆解为两部分。其次，你也可以利用第一次打击钩住对手长棍的一端将它拉开，为第二次打击清出一条线路。不要过分投入第一次攻击，因为一旦对手施加强烈的阻力，你的第一击就有可能被卡住或缠住。如果第一击被卡住，你必须立即切换至下一个有效的打击。

双重击打

从标准中握开始

向前滑步，右脚紧跟左脚，上挑棍把使其从下方横穿中线

待棍把穿过中线后，立刻打击对手面部

用棍梢以击打 1 攻其下巴或颈部，完成抢棍动作

使用棍靶训练

正如前文所提到的，棍靶是用于培养打击准确性的训练工具。不仅如此，它也是锻炼双重击打技巧的重要工具。想知道一次抢棍共能击中目标多少次吗？在第 1 级，很显然是 1 次抢棍击中 1 次。而到了第 3 级，我们学会了双重击打，因此现在你可以 1 次抢棍击中 2 次。不仅如此，我们还可以做得更好。现在，你将学习如何在不到 1 秒内 1 次抢棍连续 4 次（或更多次）击中多个目标。这种技巧就叫作机关枪打击。

让搭档按照握棍间距手持棍靶。开始时，将棍靶一上一下垂直放置。在练习者挥出一记向下的打击后，棍把将先击中上方目标，然后继续击中下方目标。练习者继续挥动长棍，用棍梢再次击中上方目标，然后紧接着击中下方目标。以"棍把—棍把—棍梢—棍梢"的顺序练习。

让搭档握住棍靶，将棍靶一上一下垂直放置，双手距离与握棍时同宽。向下打击，以棍把击中上方目标

然后继续以棍把击中下方目标

继续挥动长棍，以棍梢击中上方目标

然后用棍梢击中下方目标

有句谚语说得好："知一事，通千事。"在你学会双重击打后，想想可以击打哪些目标。对手需要用双手握住长棍，因此当对手正面朝向你时，你就可以以其双手为目标，在不到一秒的时间内每只手打击两次，从而大大增加打击的成功概率。出现在你面前的目标，也可能是对手的头部和前导手，或者一只手和一条伸得太长的前导腿。你需要学会判断这些不同的可能性，先是在静态、受控的双人练习中练习，然后在使用泡沫长棍和适当护具的自由练习中练习。

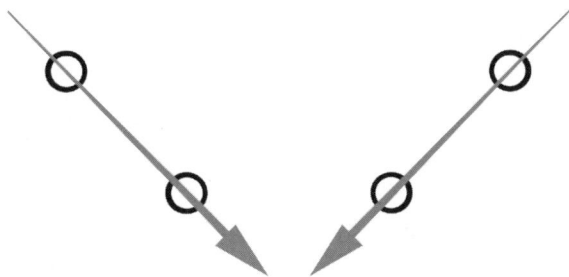

想象每次打击都击中多个目标

一旦你掌握了机关枪打击，就可以利用这种连续快速的打击迅速征服对手。

钩式缴械

钩式缴械是一种针对手部的双重击打。首先，你需要用长棍的一端钩住对手的一只手，再用另一端击打其身体。这是一种不容易暴露意图的攻击，对手通常不会把第一击看成严重威胁，当明白过来时可能已被击中。钩住对手的手可能无法立即令他的手脱离长棍。然而，如果继续施加稳定的压力，你的打击就能不断积累能量，当对手的手最终不得不松开时，这些能量就会释放到目标上。因此，在与搭档练习时务必多加小心！搭档应牢牢握住长棍，但要知道，他握得越紧，反作用力就会越大。此外，全力以赴的钩式缴械还可能会以一种不可控的力度击中对手的手。

第 1 钩式缴械

从标准中握戒备势开始

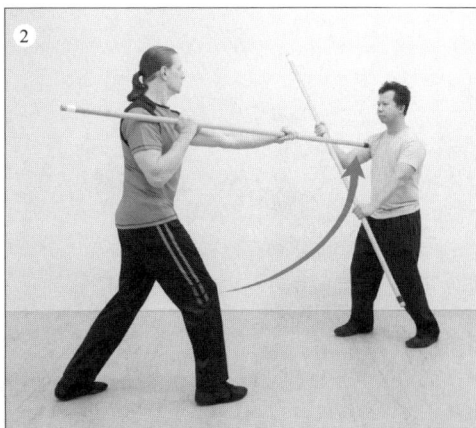

向前滑步，棍把越过对手长棍，钩住其前导手内侧

继续动作，迫使对手松开长棍

用一记击打 1 攻击对手的颈动脉

第 2 钩式缴械

从标准中握戒备势开始

向前滑步，放低棍梢，将棍梢送入对手后手（靠近棍把的那只手）和长棍的夹角间

用敏捷有力的动作使其松手

然后用棍把向对手的颈动脉使出击打 4

你需要使用所有基本打击对这一招式进行反复练习。有几种方式可以钩住对手的手，如你可以钩住其前导手或后手，从其手的上方（拇指侧）或下方钩住，从其长棍的上方或下方钩住。但是，与其把每一步当成一种单独的技巧，不如学会灵活运用钩式缴械的原则。你可以先原地进行钩式缴械的练习，再配合前进、后退的步法，最后进行自由练习。

尽管一次成功的钩式缴械就足以使对手的武器失效（一只手松开长棍），但连续两次成功的钩击能够令对手完全缴械。

完全缴械

通过将前两次钩式缴械整合为一系列动作，你可以令对手完全缴械。从标准中握戒备势开始

向前滑步以缩短与对手的距离，棍把上挑越过对手的长棍，钩其前导手内侧

继续动作，迫使对手松开长棍

以一记击打 1 攻其颈动脉

放低棍梢

将棍梢送入对手后手和长棍的夹角间

用力打击对手的另一只手，使其松开长棍

然后以一记击打 4 攻其颈动脉

推拉能量练习

推拉能量练习旨在培养强大的双重击打技巧，使练习者学会有效缴械。首先用长棍一端钩住对手的长棍。在对手抵抗时，垂直按压其长棍中段。保持肘部向下，用力下推，但请注意不要使长棍打滑伤害到搭档。接下来，慢慢改变长棍的角度，使长棍滑向对手手部与长棍的夹角间。用几种不同的钩击方式重复这项练习，加深对缴械的基本理解。

推拉能量练习

将你的长棍垂直地放在对手的长棍上，用力向下压，这一姿势对手相对易于抵挡

左滑长棍，直到轻轻接触对手的右手。然后将你的长棍向左下压，拉伸对手的手臂，打破其防御结构

右滑长棍，触碰对手左手，然后下压长棍以拉伸对手的手臂，打破其防御结构，使其失去平衡

如果你和对手陷入僵局，例如，对手在某个方向上太难攻克，那么你就转向另一个方向。与搭档合作练习，直到能平稳钩开对手的手，并通过一个流畅的动作使其失去平衡。请记住，必要时钩击也可以变为打击，用于攻击对手的拇指根部或手腕。这种首攻有足够的力量和动量，使钩击技巧更加有效。推拉能量练习能让你学会如何迅速有效地让对手缴械，并让你在钩击陷入僵局时迅速做出调整。请用这个练习来完善你的钩式缴械技巧。

训练装备：打击球

为了培养打击技巧的准确性，无论是空手还是使用武器练习，都离不开打击球这种多功能、易制作又有趣的训练装备。我最初的打击球是一只挂在绳子上的旧篮球，在过去的 10 多年里，我一直使用一对绑在两棵树间的打击球练习如何360° 地感知它们，培养打击移动目标的能力，并模拟与多个对手战斗。

用打击球进行模拟练习节奏很快，富有变化，因为每一次打击，球都会以不同的方式摆动。它们总是能使我一连几个小时都沉浸在这既有趣又能出汗的有氧运动中。空手时，我会用它们来练习击拳、踢腿与格挡，以及前进和后退的步法。不仅如此，它们在练习武器技能方面也非常有效，能使打击变得快速、准确且有力。我曾使用短棍、长棍、刀、拐、双节棍、木剑、三节棍，甚至是长矛与

我的第一个打击球，制作于 1990 年 我的第一个打击球在长年累月的练习中变得破败不堪，右边是代替它的新球

打击球"对打"。事实上，我的第一个打击球已经在练习中变得破败不堪，但与新的、有弹性的打击球相比，它却能给我带来一种截然不同的感觉。我强烈建议你为训练准备一两个打击球，这绝对值得一试。

要制作打击球，首先需要准备一个球（我个人偏爱耐用的旧篮球）、一把剪刀、一段结实的绳子和一卷强力胶带。用绳子缠绕篮球一圈并打结，再用一小块胶带固定绳子。接下来，用胶带沿绳子的轨迹缠绕篮球，然后按压第一次缠绕的胶带，在绳子打结处多缠一些。最后，用胶带沿绳子再缠绕一次，你就得到一个结实耐用的打击球了。

接下来，你可以在绳子的末端固定一个锁扣，这样就可以实现轻松挂取。你也可以简单地把打击球系在一根树枝或其他支撑物上，只要确保有足够的空间即可。现在，你就可以用打击球进行练习了！

准备好剪刀、强力胶带、结实的绳子、锁扣和一个篮球

用绳子缠绕篮球一圈并打结，可以用一小块胶带来固定绳子

用胶带沿绳子的轨迹缠绕篮球，然后把锁扣拴在绳子另一端

现在，你就得到一个结实耐用的打击球了

缴械格挡

仅格挡对手的打击是不够的。如果你不迅速采取行动来打破对手攻击的势头，他就有可能会持续攻击，直到击中你。因此，我们应该从战略的角度来看待格挡。

最简单的方法（说起来简单，但在实战中，这些方法都不容易实现，对初学者来说更是如此）是在对手攻击你时，你通过打击对手的前导手进行格挡（这涉及一种先知先觉的判断，我们将在"理解时机"一节中详细讲解）。为了做到这一点，你必须能够预见对手的攻击，并在脑海里立即预判其手部动向，然后挥动长棍进行格挡。缴械格挡与墙式格挡不同，它更像是第 1 级训练中的格挡击打。只不过在缴械格挡中，你不是以对手的武器为目标，而是以其前导手为目标。保证你的打击尖锐有力，目标是对手的手部（在训练中，搭档要戴好手部保护装备）。

有时候，除了格挡对手的长棍外，你别无选择。然而，在这种情况下，你仍然可以采用有效的缴械策略。在成功进行长棍对长棍的格挡后，你可以施加压力并立即沿对手的长棍滑动以打击其手部。这种方式就是滑动缴械。

缴械格挡

用于格挡击打 1

用于格挡击打 2

用于格挡击打 3

用于格挡击打 4

用于格挡击打 5

用于格挡击打 7

滑动缴械

在滑动缴械中，你的长棍将沿对手的长棍迅速滑动，旨在打击他的手。假设你刚刚完成了一次常规的格挡，或者你试图进行一次缴械格挡，但没有打到对手的手——这种情况并不罕见，因为手是一个较小的目标，而且对手很可能会在察觉到你的意图后，在最后一刻将手移开。发生这种情况并不意味着你的尝试是徒劳的。继续保持与对手的长棍相接，沿着对手的长棍迅速平行滑动你的长棍，然后直接打击其手部，迫使其松开武器。一旦对手松手，立即利用这个机会完成打击，缴他的械或攻击其身上的其他目标。

　　格移也可以发展为滑动缴械。一旦你接触到对手的长棍，就保持长棍相接，然后沿着对手的长棍滑动，撞击其前导手。我们可以以格挡击打 9 为例，看一看如何使用滑动缴械。

首先完成标准的垂直格移，动作幅度不用太大，挡开对手的打击即可

迅速改变方向，用长棍中段撞击对手的前导手

跟进打击对手面部

　　如果你成功打中对手的手却未能成功缴械，不要担心，所造成的伤害或许比你想象的大，即便只是心理上的。尝试再次用缴械格挡或滑动缴械攻击同一只手，也许这次你就能成功迫使其松开长棍。但即使出于某种原因你并未成功，你的努力也不会白费，因为现在你已经让对手认为你会一直瞄准他的手进行攻击了。这时，你可以将计就计，在下一次攻击中佯装以手为目标，并根据对手对前两次攻击的反应，针对其破绽进行攻击。能否灵活应用战略和战术正是新手与专家的区别所在。

滑动缴械：对手使出击打 1，你进行格挡

立即沿对手的长棍滑动，猛击其前导手

术士之墙

本节介绍的连击叫作"术士之墙"（它是一种起源于日本的武术形式，日语中称为"shushi no kon"）。术士之墙以墙式格挡为基础，强调战略、步法、反击和缴械技巧的协调并用。术士之墙的基本动作看起来十分简单，但连击中隐含着战略和战术。

术士之墙

从戒备势开始

前脚后退成后撤步

然后上步，做从右到左的墙式格挡

从左到右水平打击对手头部

跟进一记斜向打击

向前直刺，击败对手

以下是每一步的具体应用。

术士之墙（应用）

中握持棍面对对手，但从戒备势直接攻击很难取得成功

所以，前脚迅速后退一步，故意暴露你的左侧，诱导对手上步发起右手攻击

一旦看到对手主动缩短距离，立刻上步（对手一旦上步，就会因惯性继续向前，直到前脚着地），用墙式格挡从右向左拦截对手，防御来自左侧的攻击

挑起棍把攻向对手头部，同时格移其长棍

跟进使用钩式缴械与双重击打

最后用一记击打 1 攻向对手颈动脉

踩住对手前脚，将其原地锁定，同时向下直刺其颈动脉

由于对手前脚被踩住，你可以轻松将其制伏在地

第 3 级练习大纲

目标： 学会正确瞄准，掌握距离和步法，培养打击的准确性和力量感，学会在战斗中有效使用双重击打和钩式缴械。

1. **热身：** 进行 5～10 分钟向下和向上的八字舞花，先慢后快。在转动中交替加入不同的打击和墙式格挡。在舞花时加入双重击打和钩式缴械。注意结合基本步法进行练习，包括前进、后退和环绕等步法。

2. **距离感、控制力：** 以搭档为目标，运用双重击打原则进行前 8 种基本打击。通过靠近但不接触搭档的方式，培养准确的距离感和良好的控制力。

3. **准确性：** 让搭档手持一对棍靶，棍靶之间相隔约 2 英尺。练习前 8 个基本打击的双重击打，先轻轻打击目标，着重练习正确的姿势和打击的准确性。然后，在保持准确性的前提下逐渐提升速度。请记住，棍靶的作用是培养打击的准确性而非力量。搭档要注意手部防护。

4. **力量：** 用打击球练习双重击打。你也许已经发现，棍把打击或钩击可能会带来令人惊讶的打击强度。但你的棍把钩击一定要轻，以在同一个球上进行双重击打。用结实的长棍进行练习，注意不要打断它。利用步法保持距离，同时躲避摆动的打击球，通过想象打击对手的手来练习缴械格挡。

5. **钩式缴械练习：** 与搭档一起使用前 8 种打击来练习钩式缴械。先用击打 1 进行缴械练习，然后让搭档重新持棍，再用击打 2、击打 3 等进行钩式缴械，直到你能连续快速地完成 8 次缴械。搭档不用过于顺从地缴械，也不应将长棍抓得太紧。一次犀利的首攻通常能成功使搭档松手，但也可能会穿透其手部防护造成伤害。与搭档不断磨合，直到找到一个既能尽量接近实战又能避免受伤的中间地带。

6. **防御：** 独自练习并与搭档一起练习术士之墙。先独自练习连击至少 10 次，然后与搭档重复上述动作。开始练习时可以稍慢一些，注意控制。然后，逐渐加快速度，务必小心一些，不要真的打中搭档。

继续设定短期目标。

努力练习，记录你的训练过程，见证自己的成长！

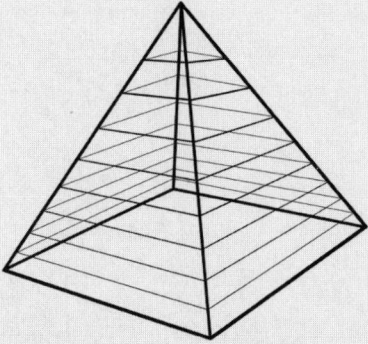

第 4 级　基本延握

Level 4: Basic Extended Grip

认识基本延握

延握（左）vs 中握（右）：请注意触及范围的不同

我们将在第 4 级中介绍延握打击。与中握相比，延握的优势在于你可以身处对手的有效打击范围外进行反击。从左边的示意图和第 2 级的"范围、距离与死圈"一节中可清晰地看出这点。

人们普遍认为，大多数有记载的欧洲长棍格斗都采用延握形式，而非像《罗宾汉》（*Robin Hood*）电影中那样采用中握。还有人由此推测"四分棍"这一名字正是源于只握住 1/4 的握棍方式（这并不是唯一的解释，还有人说四分棍是将

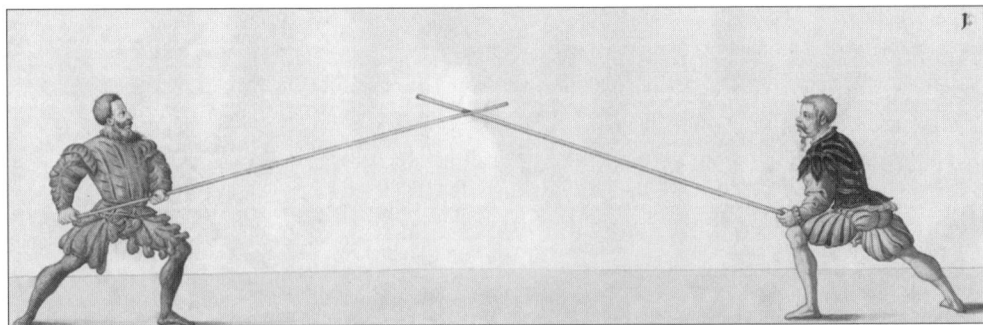

长棍格斗，出自保卢斯·黑克托尔·迈尔（Paulus Hector Mair）的《武术大百科》（*Opus Amplissimum de Arte Athletica*），约尔格·布罗伊二世（Jörg Breu the Younger）绘，约 1550 年

树干纵向劈成 4 份，而非由树枝制成）。棍的长度自然各不相同，日本杖仅有约 4 英尺（约 1.22 米）长，而英式长矛则长达 10 英尺（约 3.05 米）。虽然 1/4 握棍方式对 8 英尺长棍来说较为适合，但现今的长棍通常只有约 6 英尺长。在使用较短的棍时，最好抓住武器的 1/3 处，留出 2/3 的部分用于战斗。

低位戒备势是真正的长棍格斗防御姿势

　　低位戒备势是延握时最常见的战斗姿势。前脚指向对手，重心放在后腿上，并将后脚向外旋转约 90°。保持双膝弯曲，双脚间距约一个半肩宽。这种姿势可以提供一个稳固的基础，确保你相对安全并处于对手的攻击范围外。尽管你的前脚会暴露在对手的攻击之下，但由于重心在后，你可以迅速移动前脚进行躲避。此外，后撤步还有利于蓄力，以快速转换为前进步，这种姿势的转换可以缩短你与对手的距离并前移重心，常见于刺击或快速打击的连击中。

　　如前文所述，你需要经常沿长棍滑动双手以改变握棍姿势，因此你应该先磨掉长棍上闪亮的保护层，因为这将严重阻碍你改变握棍姿势。你还需要花时间仔

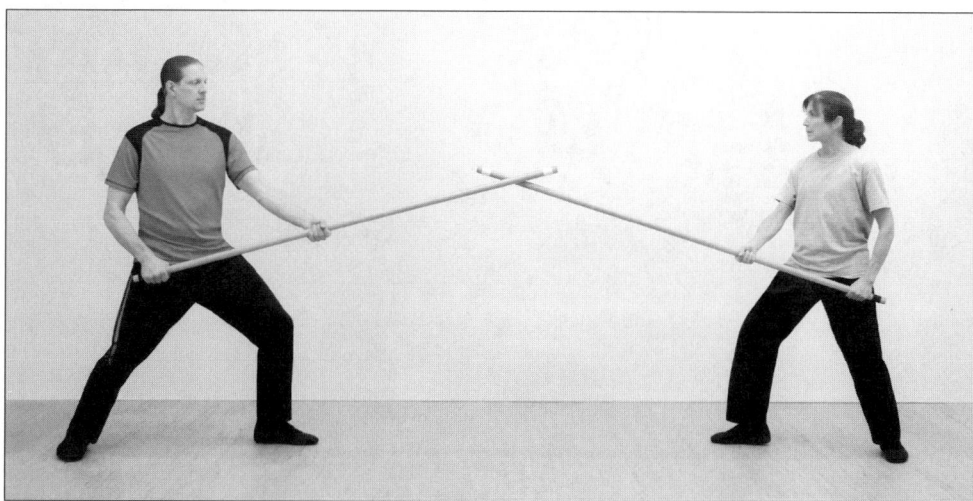

首要原则是延握时长棍的延长线应指向对手的脸或喉咙

细检查长棍，在每次练习前轻轻用手抚过全棍，检查是否有扎手的木屑与毛刺，如果有，就进行打磨或用胶布粘贴。

只要在延握时保持适当的距离，你就可以在打击对手的同时处在对手的打击范围外。你要在这种远程战斗中不断开发"圈外"（因为你待在对手的触及圈之外）战术，这对"智胜对手"和第 6 级中所说的总体战略来说至关重要。

为此，你应该不断寻找机会打击对手的前腿，因为大多数人会将前腿暴露在外并伸得很远。利用延握打击攻击对手的破绽，并学习评估每次攻击机会（例如，下一步如何行动才是上策）。这样一来，你将更有可能预见对手的动作并成功打击对手的破绽，从而实现对对手心理上至关重要的第一击。

突然切换到延握，在对手还没来得及反应时，迅速打击其膝盖

延握基本打击

延握的优势在于它有更大的触及范围，劣势则在于仅能使用武器的一端。因此，延握持棍即意味着牺牲双端武器的优势来换取更大的触及范围。但为什么不能两者兼得呢？这并不是妄想。请交替使用棍梢和棍把进行 9 种基本打击训练，这将让你学会在流畅挥棍的同时，用武器的两端进行最大触及范围的打击。以下 9 种基本打击的图示中，图 a 表示蓄力动作，图 b 表示打击动作。

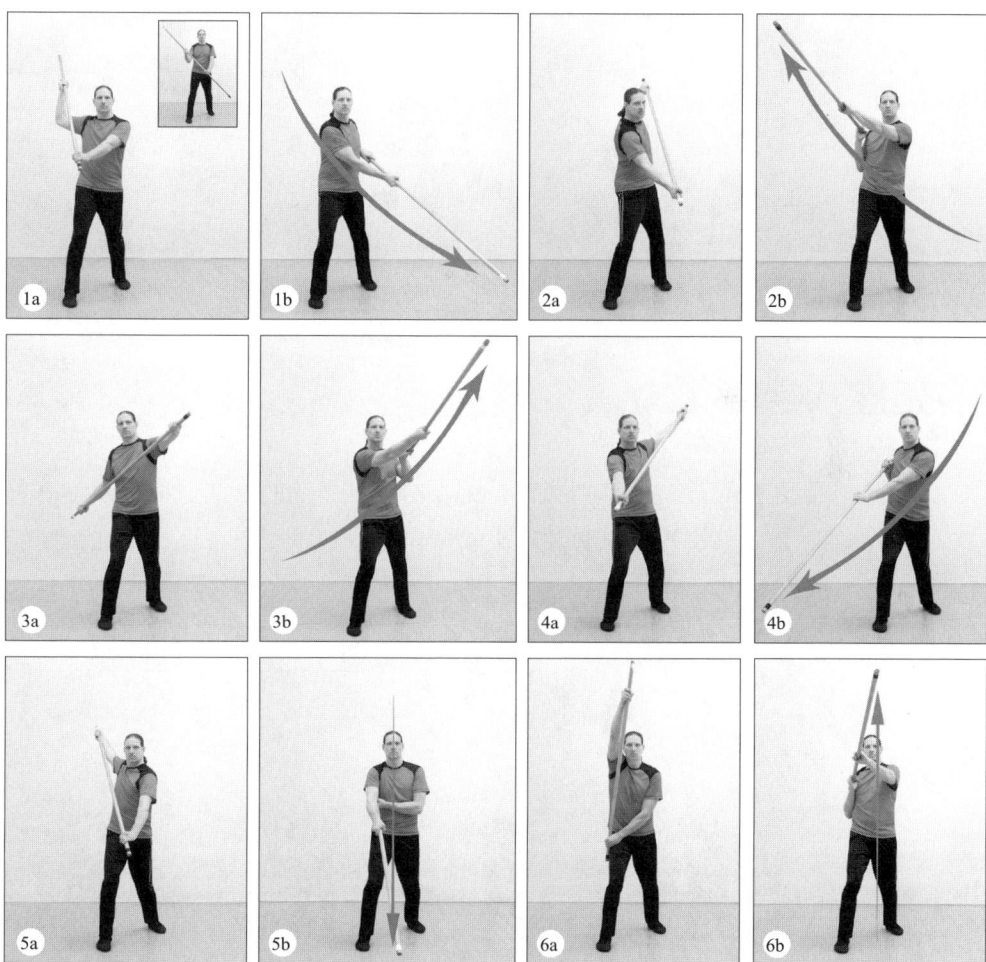

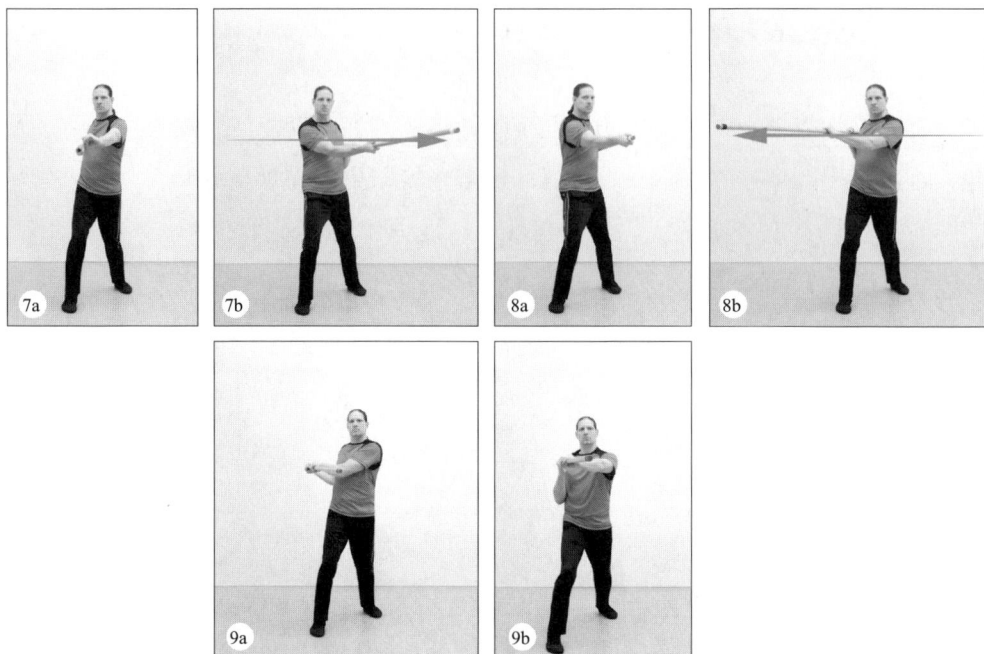

延握八字舞花

无论是中握还是延握，八字舞花都是练习斜向打击的好方法。注意同时练习向下与向上八字舞花。延握八字舞花可以锻炼手腕、前臂、上臂、肩膀和背部的肌肉。

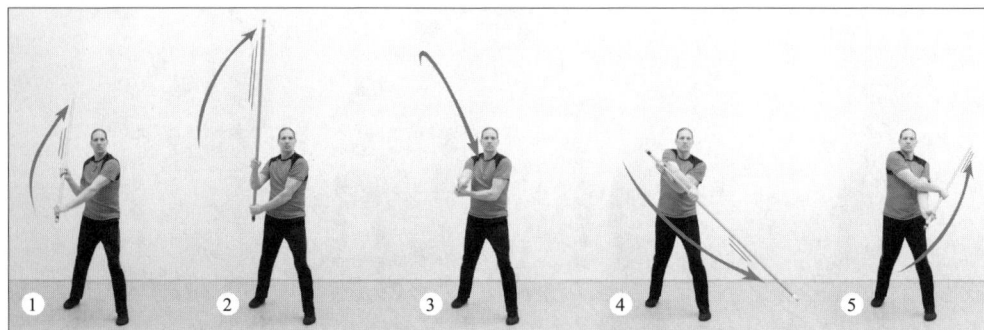

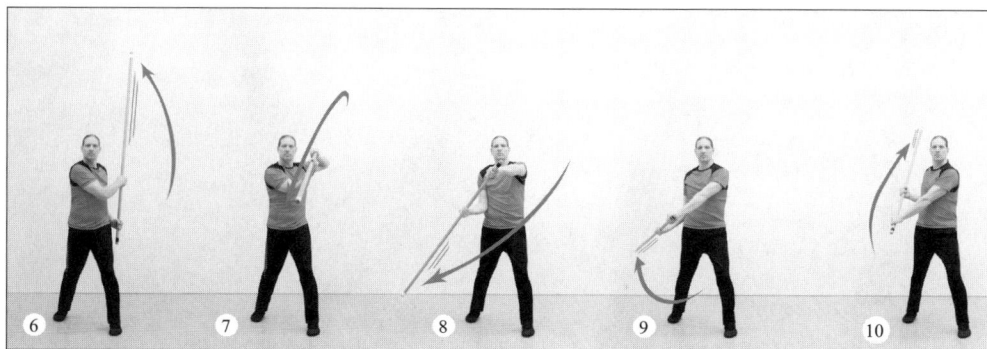

埃塞俄比亚苏尔玛族勇猛的东加战士将展示延握八字舞花的实际应用。东加是一种全接触形式的长棍格斗，它集武术、仪式与观赏体育于一身。战士们常常以这种方式来解决世仇与争端，因此这种格斗形式异常激烈，往往伴随着重伤乃至死亡的风险。东加格斗常常赤身（或几乎赤身）进行，战士们仅穿戴屈指可数的装备——头盔、前臂护具、护腿板和保护手部的小圆盾，所有装备都是由布料或柳条制成的。

东加战士采用延握持棍，并经常使用类似延握八字舞花的画圈技巧。东加格斗中，东加战士会先以其他武术系统中所称的悬挡、翼挡或屋顶挡的技术挡开对手的进攻，然后迅速向下打击，下压对手的武器，紧接着再一次迅速向下打击。战士们还会加入水平打击和向上八字舞花等变化技巧。这些技巧经过实战验证，非常值得学习。以下训练就受到了东加格斗的启发。

东加训练

对手以延握方式垂直向下劈向你的头部

将你的长棍微微偏离中线，于头顶悬挡防御

挡开对手的劈砍

将长棍举过头顶，劈向对手

对手将长棍微微偏离中线，于头顶悬挡防御

当对手再次打击时，重复以上动作。请记住，不要连续在同一侧进行格挡。你可以向任意一侧格挡，并根据你所选的格挡方式长棍向左或向右偏离中线

延握刺击

当你处于延握低位戒备势时，将武器保持在中线上至关重要，这将使你在面对对手进攻时能够有效地进行自我保护。从这个位置出发，你可以利用中线与触及范围的优势直刺对手。这种直线攻击将比弧形挥击更快，因为它的攻击距离更短，也更难格挡。然而，由于刺击的距离很短，你很难提升速度，因此刺击主要依赖身体移动来产生力量。

　　有两种基本的刺击方式：一种是手部固定的刺击，即双手在长棍上的位置保持不动；而另一种则需要使长棍在前手中滑动，只用后手推动，这种方法叫作滑动刺击或"台球杆"打击。无论哪种方式，你都需要为打击注入动力。从后撤步开始，随着打击前移重心，通过身体移动为刺击注入动力。为了进一步激发出速度和力量，后臀可以随着打击迅速前摆，加入旋转力，并将动量送往全身，斜贯背部，推动后肩一并向前。这将为手部动作提供动力，并最终将力量注入长棍。

　　当保持恰当的距离时，后撤步能让你待在对手的攻击范围外，而当你变为前进步时，对手就处于你的攻击范围内。滑动刺击更快、攻击范围更大，但它与手部固定的刺击相比，往往缺乏威力。因此，滑动刺击适合用来攻击面部或喉咙等脆弱的部位，通常无法对更结实的目标造成严重伤害。

　　练习低位刺击时，瞄准对手的大腿上部；练习中位刺击时，瞄准其太阳神经丛；练习高位刺击时，瞄准其喉咙和面部。你也可以交替用棍梢和棍把进行刺击。

训练装备：目标球

为了培养精准的打击和刺击能力，可以使用目标球进行练习。目标球是一个系在绳子上的球，只需将它挂起来，然后向它刺击。

你可以制作各种各样的目标球。例如选择网球时，可以用锋利的多功能刀在球相对的两端各切一个长约 2.5 厘米的小口。在绳子的末端打一个足够大的结（用晾衣绳就很合适），确保绳结不会从切口滑出。挤压网球使切口张开，以便将绳子穿过切口，然后拉动绳子，直到绳结卡在球底部或进入内部。下图中我使用的球是泡沫制成的，我用一段粗铁丝穿过小球，并在球底部将铁丝弯成钩子状以防球脱落，然后用钳子在铁丝顶部简单地弯了一个环，把绳子系在上面。另一个球的制作就更简单了，我只在绳子末端打了一个大结，并用红色胶带把它粘在球上。事实上，几乎任何小型、耐用、可移动的物品都可以作为目标球使用。

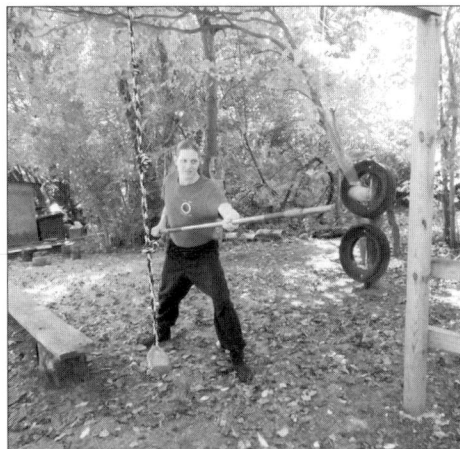

从静止刺击开始练习，然后试着在球轻轻摆动时击中它。逐步提高练习难度，直到你能不受球来回摆动的影响始终准确地刺中它。不要局限于刺击练习，你还可以用目标球练习其他打击技巧，例如多挂几个球来练习多目标攻击。记住，不要用目标球练习强力打击，强度训练更适合在训练桩上进行。目标球最好用来打磨长棍技巧，提高刺击和打击的准确性。

训练装备：刺击板

用目标球练习可以提升刺击的准确性，但你还需要一个阻力更大的目标来锻炼力量。刺击板是一个简单的木制训练桩，你可以将它放在地上，用来模拟对手的前腿或身体。你可以用一段 5 英尺 ×2 英寸 ×6 英寸（约 1.52 米 ×5.08 厘米 ×15.24 厘米）的松木板来制作刺击板，还可以在板上画一些小圆圈代表刺击的目标。

与延握刺击一样，你可以瞄准"大腿上部"，练习低位刺击；瞄准"太阳神经丛"，练习中位刺击；瞄准"喉咙"和"面部"，练习高位刺击。你会发现滑动刺击速度更快，攻击范围更大，但力量不如手部固定的刺击。因此，滑动刺击最好用来攻击面部或喉咙等脆弱的部位，因为它通常无法对其他更结实的目标造成严重伤害。

正如前文所述，你可以用刺击板练习中握刺击，但触及范围自然会比延握刺击小得多，因此你需要更靠近目标，而这也意味着你还可以用棍把练习刺击。和棍梢刺击一样，棍把刺击也有手部固定和滑动刺击两种形式。无论哪种，你都需要像眼镜蛇或响尾蛇一样迅速进攻，然后立即回到防守位置准备下一步或再次进攻。

用刺击板练习刺击可能会很枯燥，但你可以运用一些技巧来缓解。比如设定刺击一百次的目标，或按音乐的节奏进行刺击，把它变成一个游戏。你可以在刺击板上画上几个不同颜色的目标，或者对目标进行编号，然后在搭档随机说出一种颜色或一个数字时击中相应的目标。试着发挥想象力，为你的训练创造乐趣！

低位刺击通常瞄准大腿上部

快速打击

快速打击是在没有准备或没做蓄力动作的情况下完成的短促而有力的打击。它缺少完整打击的动量，必须依靠速度和适当的杠杆作用来发力。臀部的转动、摆动或手部的扭转对增加打击力度都至关重要。你可以配合身体的前移，使快速打击成为一记直刺后跟进的有力打击。通过练习，你将能从任何角度进行快速打击。由于省去了暴露意图的动作，快速打击是一种攻击对手手部的绝佳方式，对手几乎无暇做出反应。

向下快速打击

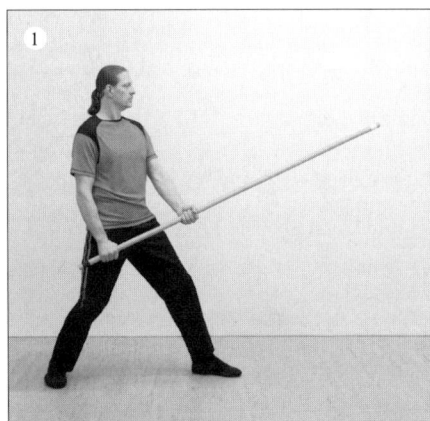

左手向前推，同时右手向上拉，双手向内、向下扭转，并将身体重心转移至前脚。请注意，在不移动脚的前提下扩大打击范围

向上快速打击

右手向下推，同时左手向上拉，扭转手部，并将重心转移至前脚。同样在不移动脚的前提下扩大打击范围

训练装备：水平卷藁

在练习垂直快速打击时，拥有一个水平的目标将更有利于提升速度和力量。你可以用粗树枝或细圆木来制作水平卷藁，并将其作为目标。

我用的是后院的竹子。把竹竿架在两把椅子上，用胶带把它们捆在一起，用圆锯修剪两端至平齐。在使用电动工具时请做好眼部防护，时刻注意安全。

为了捆紧竹子，让水平卷藁看起来更完美，我找来一些旧的空手道带子和细绳，将其缠绕在卷藁的中部和两端。

最后，我把新装备挂在两棵树之间，进行（向下）快速打击练习。我还会用它来练习刺击和其他技巧。

发挥创意，充分调动想象力！

水平的打击表面非常适合用来锻炼快速打击技巧。

延握格挡缴械

延握格挡需要抓住机会瞄准对手的前手。由于远距离格挡缺乏真正的力量，此时你需要借对手之力来打击对手。因此，打击的准确性和把握时机是最重要的两点，你可以打击对手的手指，使其松开武器并丧失战斗能力。

如果你发现自己离对手的手部太远，那么很可能对手也无法攻击你的手。在这种情况下，如果对手缺乏经验或想尝试创造空当，他就会攻击你的长棍。你不妨抓住机会，利用对手的错误决定。与其在打击中途格挡对手，不如利用延握的长棍末端来格移攻击，同时保留动量。这样的格移配合轻微的侧移，你就有机会暂时控制住对手的武器，并将其引导到你想要的位置。如果你能把对手的打击引向下方，就有可能暂时将其长棍压制在地，从而清理出一条有效的反击线路。这时候，请迅速抓住对手的破绽，对其前手或身体使出一记犀利的打击。

正确把握位置和时机的延握格挡示例

第 4 级练习大纲

目标：学习正确瞄准，掌握距离和步法，培养打击的准确性和力量感，学会将延握打击和延握格挡有效地融入战斗。

1. **热身：**进行 5～10 分钟中握和延握的八字舞花练习，先慢后快，穿插不同的打击动作。练习顺畅地从延握切换至中握，再切换回延握。结合基本步法进行练习——前进、后退和环绕。模拟东加训练进行侧向格挡，然后用有力的向下打击进行反击。

2. 距离感、控制力：以搭档为目标，延握持棍进行 9 种基本打击的练习。开始时打击速度可以慢一些，通过靠近但不接触搭档的方式，培养准确的距离感和良好的控制力。

3. 打击准确性：让搭档手持一对棍靶。以延握姿势进行 9 种基本打击，先轻轻击中目标，集中精力提升动作的正确性和打击的准确性，然后在不牺牲准确性的前提下逐渐加速。记住，打击棍靶是为了锻炼打击的准确性而非力量。搭档应佩戴手部防护装备。

首先，将棍靶放在太阳神经丛的高度，进行 9 种打击。

其次，将棍靶放在颈部高度，重复 9 种打击。

再次，将棍靶放在大腿高度，重复 9 种打击。

最后，让搭档在每次打击后切换棍靶高度。

4. 刺击准确性：练习对目标球进行刺击。首先在球静止不动的情况下练习，然后试着在球轻轻摆动时击中它。不断练习，直到你能不受球来回摆动的影响始终准确地击中它。练习以中握、延握、使用棍梢和棍把的不同方式进行刺击。

5. 力量：以重沙袋、打击柱或树木等为训练桩进行延握打击练习，还可以使用打击球、目标球和刺击板进行练习。使用结实的长棍进行练习，注意不要打断它。把训练设备当作假想敌，利用步法靠近或躲避它，并在打击时侧移。想象通过打击对手的手部来进行缴械格挡。请全身心投入训练，把它当成一种动态的冥想练习。开始时每次练习 5 ～ 10 分钟，逐渐增加到 20 ～ 30 分钟或更长时间。

6. 东加训练：与搭档一起进行东加训练。开始时不要求速度，注意控制好打击的力度，然后逐渐提升速度，注意不要真的击中搭档。结合前进、后退和环绕等基本步法进行练习。你和搭档需要在训练时做好手部防护。

持之以恒，继续设定目标并记录成果！

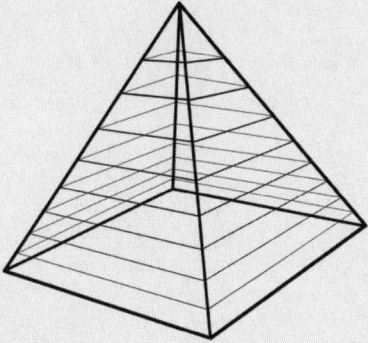

第 5 级　高级延握

Level 5: Advanced Extended Grip

长棍击剑

延握时，我们还可以将击剑的知识运用于长棍格斗。当回到后撤步并延握持棍时，你的姿势就会十分接近击剑的防御姿势，尽管此时你手上的"剑"要长出许多，但是你仍可以将棍梢看作剑尖。

采用击剑姿势时，请保持膝盖弯曲，双脚间距约一个半肩宽，脚尖指向对手。这也是空手道中常用的后撤步。你可以从后撤步开始周旋，在发现进攻机会后，转为前进步以缩短与对手的距离，实施打击。

击剑的第一条规则就是保持恰当的距离，这意味着你应该游走在对手的攻击范围外，在机会到来时迅速出击，并防止自己被打中。这一规则在长棍格斗中同样重要。

击剑的另一条重要规则是占据中线。像击剑手那样将长棍对准对手的喉咙，使其无法移动或绕过你的棍梢而进入打击范围。如果对手放弃中线的警戒，以换取一次弧线打击，你就应该迅速刺击，发动直线攻击先发制人。这就是击剑中的直刺，通常还需要以前腿弓步向前冲刺。然而，由于使用长棍时需要双手握棍，因此前冲的距离不像击剑那样长。

你还可以运用击剑中的其他技巧，如转移、过尖攻击和敲击等，为自己清理出进攻线路。

击剑姿势与长棍标准低位戒备势的对比

变化交剑

　　变化交剑是古典西方击剑中的一个基本概念。通过微微错开对手的武器并绕着它画圈，你可以开辟出一条开放的进攻线。当对手向你的长棍施压并试图占据主导时，你就可以采取这种技巧。

　　变化交剑时，你必须对长棍上的压力变化保持敏感。一旦你察觉到对手正在向你的长棍施加压力，就放松并用棍梢绕着其长棍画一个小圈，占据对手的中线。你的前导手应作为一个静止的支点，同时以后手控制长棍画圈并将棍梢送至对手长棍下方，然后棍梢从另一侧抬起。你没有时间和空间准备完整的打击，因此必须在画圈后，在对手进行格挡或夺取中线前，跟进一记快速打击或刺击。

变化交剑

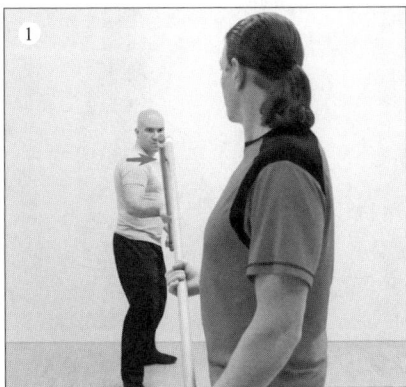

对手正向你的长棍施压

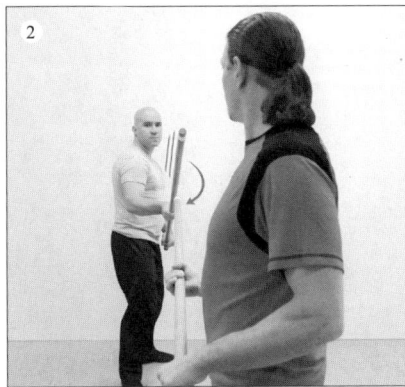

放松，将棍梢送至对手长棍下方

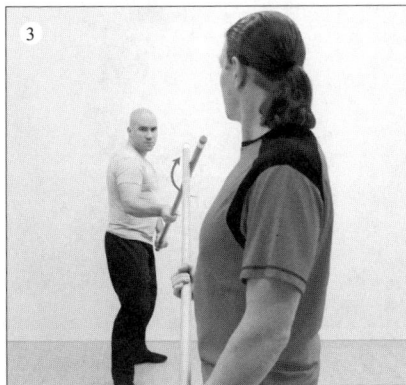

画一个小圈，占据新的攻击线

瞄准对手手部，跟进一记快速打击，或者刺击其面部

双重转移

冰球名将韦恩·格雷茨基（Wayne Gretzky）曾说："我会滑向冰球所到之处，而非它曾到过的地方。"无论是在长棍格斗还是在其他竞技活动中，你都需要智胜对手，预判其行动并做出反应。

双重转移即快速连续地进行两次交剑。你的第一次转移实际上是一个假动作，用来引导对手过度防御。一旦对手上钩，你就通过第二次转移回到最初的进攻线路。不要担心会接触到对手的长棍。如果你迅速刺击或快速打击，对手将很难防御或重新夺取中线。

双重转移

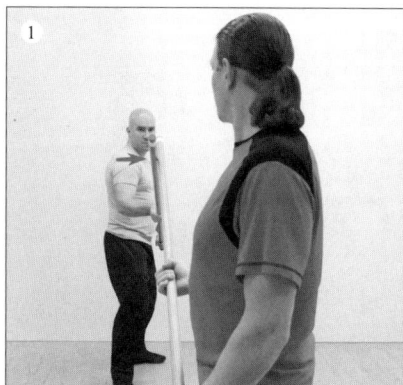

1　对手正在向你的长棍施压

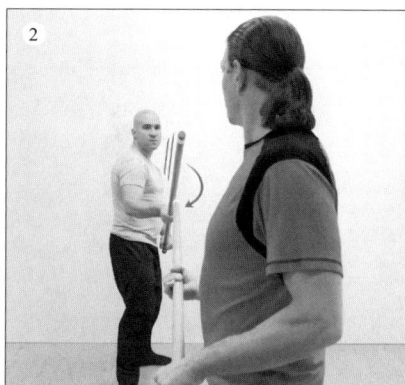

2　放松，将棍梢送至其长棍下方

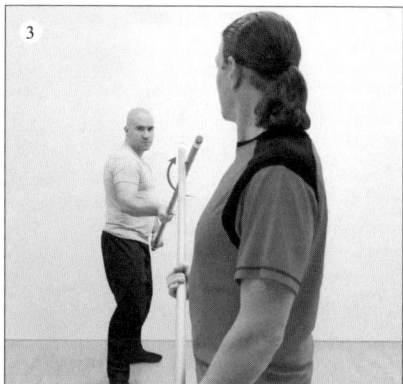

3　画一个小圈，占据新的攻击线

4　当对手回切抢占中线时，再次将棍梢送至其长棍下方。如果动作流畅、时机正确，对手甚至无法碰到你的长棍

快速打击其手部，击败对手

也可以直刺其面部

过尖攻击

过尖攻击与转移类似，不同之处在于，你不是将棍梢从对手武器下方绕过，而是从其长棍上方绕过以占据内线。你必须动作迅速，只需提升足够的高度绕过其棍梢即可，并在对手格移前迅速抓住机会，沿开放攻击线进行快速打击或刺击。

过尖攻击

对手正在防御中线。稍微施压，使其用侧向压力回应你的长棍

突然放松，用棍梢画一个倒置的 U 形，使棍梢刚好划过对手的长棍

沿暴露的攻击线发起进攻，用一记快速打击击中距离最近的开放目标——对手的前导手

敲击

敲击即通过打击对手的武器来破坏其防御，开辟一条可行的进攻线路。你需要快速、犀利地敲击其长棍。为了最大限度地发挥效果，你应敲击对手长棍最薄弱的部位，尽可能靠近长棍末端。敲击手部附近的位置往往不太奏效，因为长棍在靠近手部的位置结构更坚固，且被打击后长棍摆动幅度较小。敲击不应过于投入，因为你只有很短的时间来利用自己制造的空当。

敲击

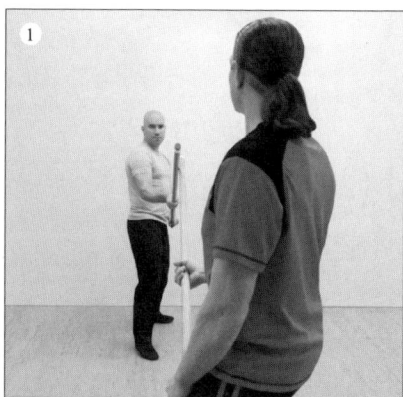

对手正在防御中线

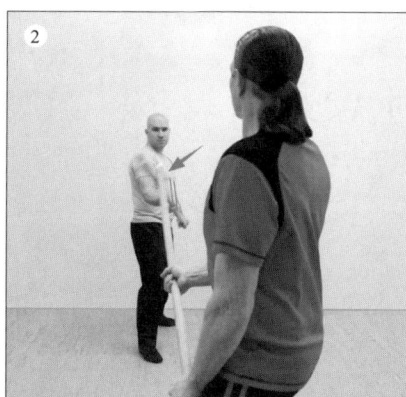

突然用力打击对手的长棍，将其击出中线

立即改变方向

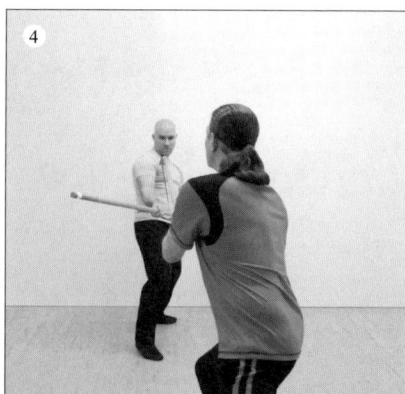

沿暴露的线路发动进攻，用一记快速打击击中距离最近的开放目标——对手的前导手

延握钩式缴械

与中握钩式缴械不同，延握钩式缴械不依靠力量。这种钩式缴械缺乏力度，需要利用巧劲平稳地将长棍从对手手中别出。延握钩式缴械有两种形式：上钩和下钩。

上钩时，让你的长棍滑过对手的长棍，将棍梢送至其手腕下方。画小圈拉伸对手的手臂，别住其手腕使其松手。你必须以一个坚定、流畅的动作完成缴械。上钩时，顺时针画圈钩其右手，逆时针画圈钩其左手。

如果对手的棍梢朝上，那么你更容易从其长棍的下方、手腕的上方进行钩击。下钩时，逆时针画圈钩其右手，顺时针画圈钩其左手。

上钩前手

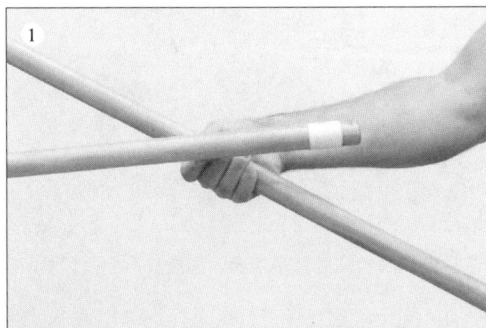

延握打击对手前手

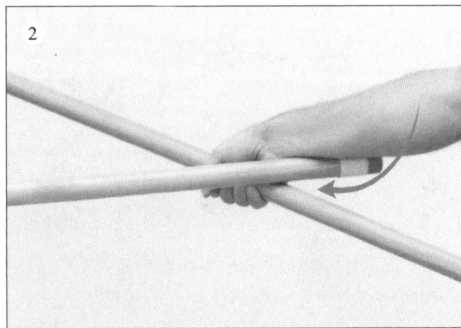

打击后立即钩入其手腕与长棍的夹角间，拉伸其前臂

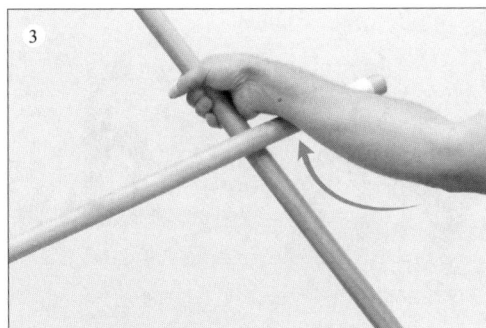

用长棍持续向上拖拽对手手臂

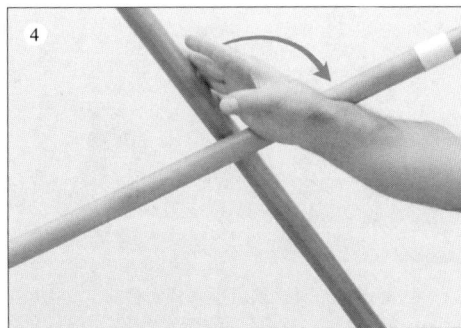

用棍梢顺时针画圈，迫使其松开长棍，完成钩式缴械

上钩后手

摆出延握中位戒备势面对对手

用一记犀利的快速打击将对手的长棍打向一侧

利用打击的反弹力量改变你长棍的方向，平稳地将棍梢送入对手刚刚暴露在外的后手的下方

逆时针画圈，钩住对手手腕，拖拽其后侧手臂

继续画圈，直到对手的后手脱离长棍

迅速改变你手中长棍的方向，将对手的长棍打向地面，完成钩式缴械

下钩前手

延握持棍面对对手。采用低位戒备势，平稳地将棍梢送至对手的长棍下

下钩对手手腕，将其长棍抬起

向前上方 45° 拉伸其手臂

逆时针画圈，直到对手的长棍指向地面

继续画圈，使对手的长棍完全从其手中脱离

继续逆时针画圈，打击对手头部

缴械练习

缴械练习是你在第 3 级所学的推拉能量练习的拓展练习。武术家和战士们常常依靠无数次重复技巧来形成肌肉记忆，但有时你并不一定要练习整套动作，相反，你可以从某一特定需求出发，练习一系列连击中的几步，这样你就能够集中精力练习真正需要练习的部分。由于省略了进攻的初始阶段与反击的最后阶段，在缴械练习中，你能够在较短的时间内多次练习缴械技巧，直到形成肌肉记忆，动作变得自然、流畅。

缴械练习

中握持棍面对对手

棍梢越过对手的长棍，送至其左手腕下方

逆时针画圈，拉伸其手臂

完成缴械

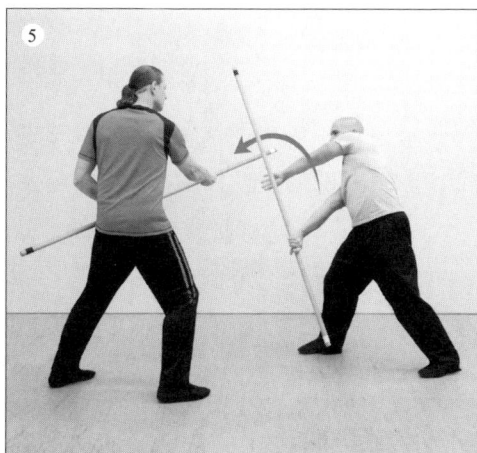

对手重新抓住长棍

平稳地将棍梢向下送至其右手腕内侧

顺时针画圈，完成缴械

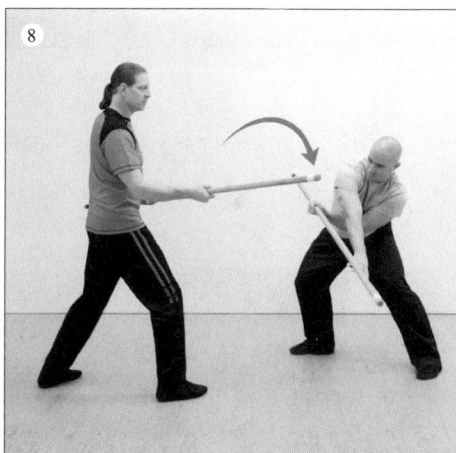

重复以上动作，将棍梢送至其左手腕下方。整套
动作看起来就如同一个小八字舞花。反复进行以
上训练，握棍位置逐渐向下，直到你能够在延握
时流畅地执行钩式缴械

　　如果你认为自己已经充分掌握了上述训练技巧，就可以探索钩式缴械在面对
相同防守时的不同变化。然后让搭档改变防守姿势，探索更多钩式缴械的方式。
你甚至可以尝试用棍把进行钩式缴械。最终，你应该熟练地从任何位置、用长棍
的任意一端、对对手的任何一只手进行钩式缴械。

训练装备：旋转轮

旋转轮是一种风车一样的训练工具，可以安装在墙、柱子或树上。用长棍反复转动旋转轮，可以大大提升你对精细动作的控制能力，使你的棍梢画出更紧凑、可控的圈。我的第一个旋转轮是用一个圆塑料盖和两根搅拌棒制成的。现在，我一般会用较薄的胶合板剪出形状，在背面放上垫片，再用大钉子或螺丝将其固定住，保证轮子能够自由转动。你也可以用短塑料管或橡胶管来制作旋转轮。

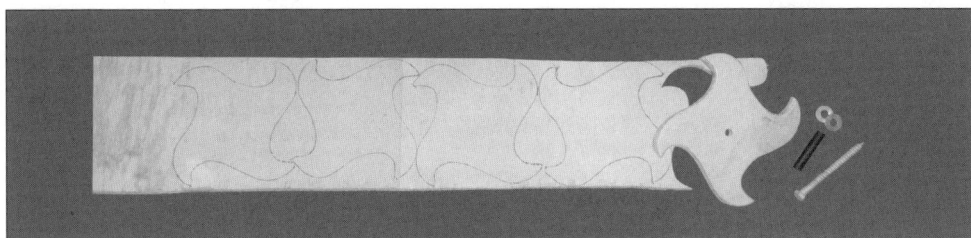

先用前手操纵长棍画圈，然后前手不动，用后手操纵长棍画圈。让前手保持静止有利于掩饰你的动作，隐藏你想切入对手中线或进行延握缴械的意图。

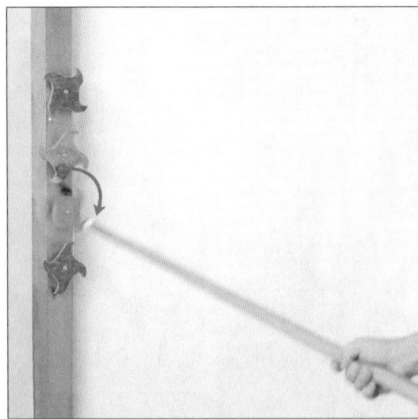

将 4 个直径 8 英寸（20.32 厘米）的木制旋转轮固定在一根柱子上

你也可以找一个小环，用长棍末端旋转小环来练习画圈技巧。可以用旧软管或者其他材料来制作小环，或者使用荧光项链，它在黑暗中旋转起来十分有趣。

格移

格挡是一种通过阻挡动量来迫使对手长棍停下的防御动作，而格移则是通过平稳转移对手长棍的动量来防御或打开攻击线。

实际上，我们在第 4 级的东加训练中使用的悬挡就介于格挡和格移之间。有时候，对手的武器几乎与你的长棍垂直相撞，在这种情况下，长棍的运动将完全停止。但如果对手的长棍以更大的角度与你的长棍相撞，你就可以将其长棍安全地挡向一侧。此时，对手的长棍并未停下，因此这种技巧是格移而非格挡。

格移时，首先要拦截对手的长棍，然后将其挡向任意一侧，使对手的进攻线路偏离他的预期。但是，向上的格移会比较危险。当你的棍梢下移时，你就会暴露自己的上段，从而被迫从下向上格移，这可能会给对手留下一个直刺你中段或面部的空当。侧面格移相对来说安全得多，你可以仅凭最小的动作就使对手的打击偏离，因为侧着身体时相对来说更容易躲开。侧向格移时，（左侧在前的防御姿势）向右格移往往更安全，因为这样可以使你的长棍保持在你和对手的长棍之间，而向左格移则可能会因格移不完全而将打击直接引向你身体的左侧。

侧向格移

将棍梢指向对手的喉咙或面部，始终将对手的长棍保持在你的长棍右侧，同时有效地闭合上段攻击线，但要注意保护暴露的左侧

当对手刺击时，侧向格移其长棍，关闭其攻击线

向下格移可以关闭对手瞄准在你上半身的一系列攻击线。你还可以利用地面暂时压制或者尽量控制对手的长棍（见第 7 级）。

向下格移

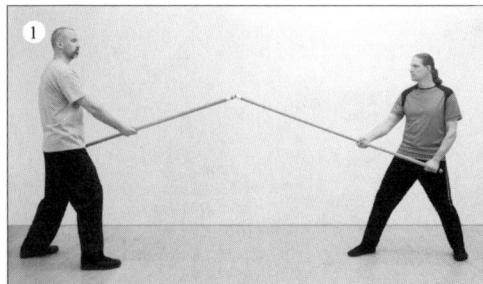

将棍梢指向对手的喉咙或面部，这将有效地闭合对手的上段攻击线。此时对手唯一可以选择的路径，只能是你略微开放的下段

当对手刺击时，格移其进攻

将对手的武器下压

趁对手的长棍仍在向下运动，转移长棍并沿着开放的攻击线瞄准其面部进行刺击

桨式格挡

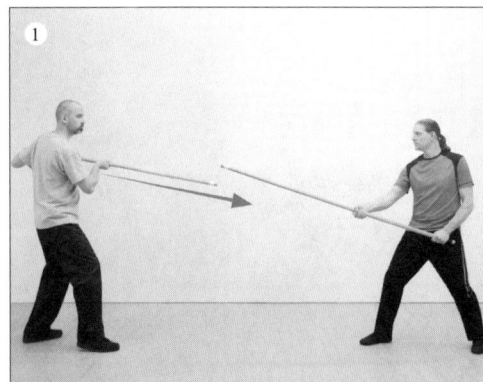

尽管这一技巧被称为格挡，但它实际上是一种格移，因为它不会使对手的长棍停止运动。从标准延握防御姿势开始

当对手向你刺击时，下放棍梢

用长棍中段格移对手的长棍，当对手的长棍被安全地挡向一侧时，立即向前上步

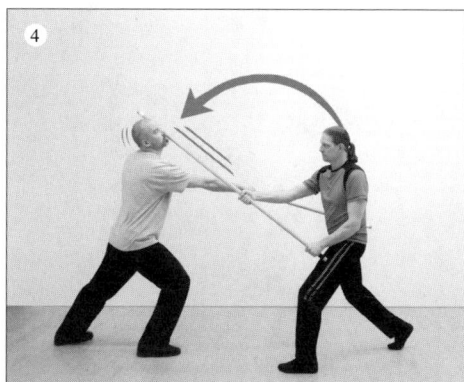

画圈，用棍梢打击对手。注意，应以前手为支点进行画圈

拨草寻蛇

　　虽然大多数延握技巧都是画小圈，但在拨草寻蛇这种具有中国特色的招式中，需要用长棍画大圈。

拨草寻蛇

以延握姿势开始

先稍稍施压，改变对手的进攻线路，长棍相接时轻轻拦截，然后向下、向外画一个平滑的圈，格移其长棍

继续逆时针转动长棍

将对手的长棍带回内线并直接转到他脸上。你的前导手将成为支点，而长棍则成为一级杠杆（参见附录 I）

如果动作正确，你就有机会将对手的长棍压制在他身上。即使没有压制对手，这一记打击仍然有力

配合扎实的步法，你就可以用这一技巧将对手摔倒在地：后手握长棍放在臀部作为新的支点，与你的长棍形成一个二级杠杆（参见附录 I）。前导手发力下压长棍，扭转双手使长棍划过对手胸口，迫使其微微后退。这样可以锁住对手的脊柱，以防他向后躲避或重新站稳。当你破坏了对手的整体结构时，用较小的力量就可以将其推倒在地

第 5 级练习大纲

目标：学习并运用延握击剑技巧。

1. 热身：5～10 分钟。练习用棍梢画小圈。用棍梢练习小八字舞花，先慢后快。试着在舞花中加入短促的快速打击。旋转，旋转，打击！旋转，旋转，打击！结合基本步法，尝试练习向上的八字舞花。如果条件允许，你也可以使用旋

转轮或小环来练习。

2. 距离感、控制力：对着空气练习 9 种基本打击的快速打击。然后以搭档为目标进行 9 种基本快速打击。贴近搭档打击，但不要实际接触。

主要目标：对手的前导手和前脚的脚踝。

次要目标：对手的颈动脉区域（肩膀到耳朵顶部）、肘部、膝盖。

刺击目标：对手的面部、喉咙、太阳神经丛、裆部、大腿、双脚。

3. 准确性、时机：与搭档一起练习以下连击动作。

（1）转移。

（2）双重转移。

（3）过尖攻击。

（4）敲击和直刺。

（5）敲击，直刺（佯攻），转移，直刺。

（6）创造属于你自己的连击动作。

4. 力量：将重沙袋、打击柱或树木等作为训练桩进行 9 种基本快速打击。通过不暴露动作的方式实现短促而有力的打击。水平卷藁既耐用又可以为向上和向下的打击提供完美的目标，非常适合这一等级的力量训练。一旦你锻炼出一定的力量，就可以尝试打击轮胎内侧。竖直悬挂的轮胎会限制你的收棍动作，能帮助你练习短促而有力的打击。

5. 缴械练习：和搭档一起用前 8 种基本打击练习钩式缴械。先用击打 1 进行缴械练习，然后让搭档重新持棍，再用击打 2、击打 3 等进行钩式缴械，直到你能快速地连续完成 8 次缴械。搭档不应过于顺从地缴械，也不应将长棍抓得太紧。一次犀利的首攻通常能够使对手松手，但也可能会穿透其手部防护而造成伤害。因此，你应与搭档不断磨合，直到找到一个尽可能接近实战，又能避免受伤的中间地带。重复缴械练习，握棍位置逐渐向下，直到你能够在延握时流畅地进行缴械。

6. 拨草寻蛇：与搭档练习拨草寻蛇的连击动作，10 次为 1 组。如果没有搭档也没关系，可以用一些橡皮筋将目标长棍固定在训练桩上。即使棍梢悬于地面，你仍可以从中体验到操纵对手长棍的感觉。

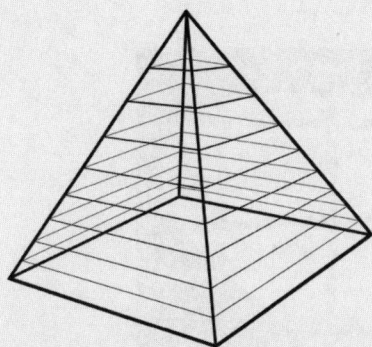

第 6 级　长棍实战

Level 6: Combat with the Staff

聆听真理

如果你努力训练并掌握了第 1～5 级的要点，现在你就可以面对真正的对手，检验自己的实战表现了。在第 6 级，你需要将学到的一切整合为有效的连击，并反复练习，直到在关键时刻能自然而然地使出这些招式。从这一级开始，你将探索并建立起自己的长棍格斗之道。

刚开始用长棍与对手切磋时，也许你会有些手忙脚乱，这是正常的现象。与搭档练习和与一名带着杀气的对手格斗截然不同，后者会竭尽所能地攻击你。坚持住，即使你的长棍技巧一开始不太奏效。你会被对手打中，有时甚至会受伤，但请接受挑战，让自己沉浸在战斗的快感中，你将收获克服困难后的满足感与将技巧融会贯通的自信心。

全接触格斗

有几种方法可以在保证你不受伤害的情况下打磨你的长棍技巧，使你能够全力以赴地与真正的对手格斗。其中最关键的方法就是使用恰当的护具和适当的缓冲型武器。在过去 10 年里，我创造了许多缓冲型武器，尝试了各种各样的护具，并在长达数小时的残酷的全接触格斗中对它们进行了测试。以下是我总结的一些经验：缓冲型武器，尤其是缓冲型长棍，最好用家中容易获得的材料制成，而护具则最好选用曲棍球、棍网球或菲律宾短棍的护具。我会先介绍缓冲型武器的制作，因为它对人身安全至关重要，也相对容易制作。接着，我们会盘点最好用的护具，为最终进行不加缓冲装备的长棍全接触格斗奠定基础。

我的第一根角力棒以坚固的木棍为内核，两端用胶带固定着厚厚的开孔泡棉。由于木棍内核较重，开孔泡棉的缓冲效果并不是太好，而未加缓冲装备的中间段在近战中也限制了格斗的乐趣。我的新角力棒以 PVC 管为内核，外层完全包裹闭孔泡棉，两端覆盖着厚厚的泡沫打击盖。这些泡沫盖是确保安全的决定性因素，自从我的一个学生在面部被长棍刺击并缝了 3 针（见第 2 级"锁定目标"一节中的照片）后，我就知道它有多重要了。

起初我完全不穿护具（哦，野蛮人不需要盔甲！），但在被泡沫长棍打中裆部几次之后，我就明白了护裆的重要性。后来，我逐步给肘、膝盖、手和头部也戴上了护具（并不一定按这个顺序）。穿戴护具或盔甲意味着你可以使用不加缓冲装备的藤条长棍进行格斗了。

使用未包裹泡沫的长棍进行
全接触格斗时穿戴的护具

如果泡沫长棍能提供足够的缓冲，你可以只佩戴击剑面罩（或菲律宾短棍面罩）、护裆和防护手套进行格斗。空手道的发泡拳套并不适合在手持武器时佩戴，因为它会使拇指暴露在外，容易导致受伤。如果长棍能够提供足够的缓冲，佩戴电焊手套就足以抵挡多数打击。曲棍球和棍网球手套能够为手部提供更好的保护，但有时它们也无法抵挡强力的打击。守门员手套通常可以提供更多缓冲，尤其是对易受伤的拇指部位。

没有面罩的空手道头盔无法防护面部。与之相比，击剑头盔可以更好地保护脆弱的面部区域，并保证呼吸顺畅（在战斗中，呼吸是至关重要的），但无法过多防护针对头部侧面和头顶的打击。菲律宾短棍头盔则可以完全包裹头部，提供更多角度的防护。

你应该不断尝试不同类型的护具、软垫和盔甲，保护前臂、肘部、膝盖和身

2014年，我在匈牙利参加 WEKAF 世界锦标赛时，在训练中折断了一根长棍

体其他部位，直到确定自己足够安全。

现在我们就可以开始战斗了。记住，这只是模拟战斗，任何护垫或护具都比不上良好的心态、良好的技术和良好的控制力。事实上，任何涉及身体接触的活动都可能导致受伤，尤其是在舞刀弄棒的实战格斗中。永远记住，你并不是真的要伤害搭档。事先讨论好每个人能承受的打击力度，并约定好其他规则，如不准出拳或踢腿。如果战斗陷入僵局或有人摔倒，应立刻停止，或者保证摔倒的后果是可控的。

开始时先用较小的力度和较慢的速度进行格斗，把它当成心理和身体上的热身，把握这个机会去感受对手。几分钟后，可以逐渐把力度增加到两个人都能接受的强度。即使情况变得棘手也要保持冷静，认真对待你的武器和战斗。请时刻铭记，如果这是真正的战斗，一击（尤其是对对手手部的打击）就有可能决定胜负。以这样的心态进行格斗，而不是想着"我打中别人的次数比别人打中我的更多"，你的长棍技巧才能更快提升。请记住，良好的防御至关重要，尝试着预判对手下一击的目标，准备好格挡或离开对手长棍的触及范围。同时，你也要知道，仅凭防御是无法赢得战斗的。你的战术要足够灵活，以不断适应变化的局面。

训练装备：泡沫长棍

准备一根长 6 英尺、直径 0.75 英寸（约 1.91 厘米）的 PVC 管。

步骤 1：在两端各粘贴或塞入一个轻橡胶塞。不要使用拐杖或手杖上的重橡胶塞，因为它们会造成更大的伤害。

步骤 2：仔细地用闭孔泡棉包裹整根长棍。

步骤 3：将闭孔泡棉裁剪至与长棍两端平齐，然后剪出几个与泡沫棍直径相等的泡沫圆盘。

步骤 4：用胶带在长棍两端分别固定至少 3 个这样的圆盘，以保证刺击尖端有足够的泡沫防护，避免 PVC 管末端的橡胶塞与攻击目标直接接触。

步骤 5：在武器上端和下端 1/3 处，各包裹一层闭孔泡棉或其他泡沫材料，中间 1/3 部分只保留一层泡棉以方便手握。

5

步骤 6：仔细用胶带缠绕整根泡沫长棍，注意不要过度压缩泡沫。缠绕太紧会导致泡沫无法吸收打击的冲击，缠绕紧实的长棍会比缠绕松散的长棍造成更多伤害。

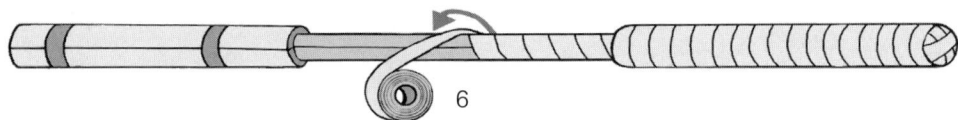

6

步骤 7：仔细检查，确保整根长棍已经完全包裹好，并且没有会划伤手的粗糙边缘。

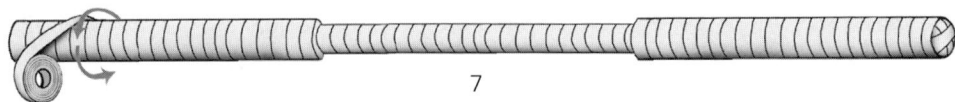

7

你的成品看起来应该像下图中这样。

最后，与搭档一起测试泡沫长棍。起初轻轻打击，然后逐渐增加打击力度，直到你和搭档就安全格斗的打击力度达成共识。

理解时机

在战斗中，"时机"是一个需要加以研究和理解的重要概念。日本武术将对时机的把握划分为 3 种：后之觉（go no sen）、先之觉（sen no sen）和先知先觉（sen sen no sen）。"觉"即反应。这几个术语将帮助我们进一步学习如何控制并赢得战斗。

后之觉是最基本的时机把握方式，意味着对初始攻击做出反应，然后进行反击。例如，对手向你挥拳，你先是防御或闪避，紧接着进行反击。在这个过程中，先到来的是对手的攻击，然后是你的反应和接下来的反击，两者之间有一定的时间差。长棍格斗的初学者往往采用这种简单的把握时机的方式。

先之觉是一种进阶的时机把握方式，代表着在受到攻击的同时做出反应。此时，你能够在受到攻击的同时进行反击。没有时间差，也没有延迟。我们在第 2 级和第 4 级中讲解的缴械格挡就是先之觉的好例子，你需要决定在格挡的同时，是瞄准对手的前导手，还是直接进行一次打击。

先知先觉是一种先发制人的时机把握方式。对手打算发动攻击，但你在它成形之前就将对手挫败了。这是一种最高级的时机把握方式，意味着你有非凡的理解能力和控制力。你不仅需要读懂对手的意图，还要预判对手的行为。这是一种只有经过多年刻苦训练才能获得的能力。

在实战中，如果对手以某种方式出其不意地向下攻击你的头顶，而你来不及进行头顶格挡，这时候你迅速滑动长棍，打击对手的前导手，这就是抓住了后之觉的时机。如果对手退回并再次向你发起攻击，你很容易预料到对手会无意识地选择最常见的攻击方式——瞄准你的头部使出一记斜向下的打击，这样你就可以立刻计算出他的攻击轨迹，并发动你的攻击，将对手的长棍拦截在中途。这就是把握了先之觉的时机。最后，当屡次失败的对手准备进行第三次挥击时，你已经可以抢在对手之前，快速直刺其前腿。你的直刺将使其前膝伸直，无法转移重心展开下一次攻击。从一开始就挫败对手的计划，这就是驾驭了先知先觉的时机。

三步法则

"引诱"是西方拳击中常用的一种策略，即有意留下破绽引导对手攻击你。虽然这乍看没有道理，但引诱实际上可以为你的反击制造机会。而且，你已经预料到了对手的攻击，就可以提早进行躲避或防御。通过三步法则，你可以制订一系列基于合理战略的战术，发挥有效的引诱技能。

1. 创造一个让对手无法抗拒的空当。
2. 等待对手全力发动攻击。
3. 在你预判对手会出现破绽的地方进行反击。

例如，击打 1 是一种常见的进攻方式，你将有很大的概率通过暴露头部来引诱对手使出一记高位击打 1。对手会在你露出破绽的一瞬间迅猛地攻过来，所以千万不要掉以轻心！在对手发动进攻的同时进行墙式格挡。然后，立即用棍把打击对手的手部并尝试缴械，再用长棍的另一端直接反击。立即再次用棍把打击对手并完全缴械。记住要持续反击，直到完全制伏对手。

学习使用三步法则巧妙地为对手设下陷阱。重点在于，你需要先与搭档慢速练习数小时。先留下空当，然后让搭档以真实格斗中一半的速度进行攻击，你则以一半的速度做出反应与反击。慢速练习能让你集中精力完善技巧，而不是凭本能迅速移动。因为在迅速移动时你无法做出分析和评估，但这正是帮助你进步与提升的关键。你将在慢速动作中学会观察和感知。随着练习的深入，你的速度会逐渐加快，动作也将更加流畅，不会再像初学时那样手忙脚乱。

2009 年，我在刚柔武术年度国际训练营中教授棍术

套路误导

人类的思维往往是可预测的。人类的大脑有一种寻找规律的自然倾向，你可以利用这一点来诱使对手按照你的想法行动。这就是所谓的套路误导。如果你能巧妙利用这种方法，就可以完美避开对手的防御，并使出一记关键性打击。

你应该打击对手任何暴露在外的目标，一旦被格挡就退回到戒备势，然后以同样的方式再次攻击同一目标。在每次攻击时观察对手如何应对，并迅速找出其防御时的破绽。第三次攻击时，对手会下意识地等待相同的攻击。而你就可以利用这一空当，佯装攻击同样的目标，然后出其不意地攻击其刚刚露出破绽的地方。时机非常重要。你应避免在 1-2 拍上发动攻击，因为这会给对手留下调整和反击的机会。相反，在半拍上发动攻击……你的节拍不是 1-2，而是 1-1.5！

下面的示例用 3 次同样的动作进行了套路误导，你也可以使用 2 次重复动作进行套路误导。

套路误导

对手头部有破绽，但你的首攻被格挡，你只能暂时撤退

再次使出同样的打击，观察对手的反应，然后迅速撤退

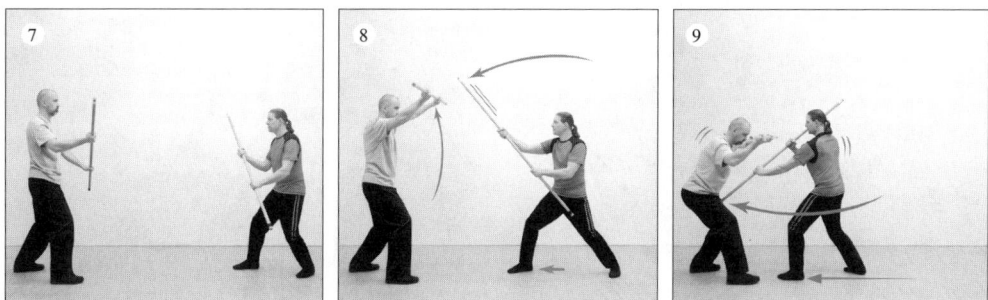

第三次，佯装攻击同样的目标，在攻击中途突然改变方向

持续进攻

　　在你发动攻击时，如果第一次攻击失败后进行调整，重新发动第二次攻击，将会给对手留下进攻的机会，因为收回长棍所需的时间太长。通常，更有效的做法是持续进攻，在不收回长棍的前提下尝试发动第二次攻击。西方击剑称之为"持续进攻"。

　　如果没击中目标，你基本上有3种选择：①调整姿势，准备再次发动攻击，但正如我们刚刚提到的，收回长棍的时间可能会给对手留下反击的机会；②以长棍弧形挥击，进行第二次打击；③迅速回切，改变长棍的方向，在不收回长棍的前提下，从与上一击相反的方向进行打击。

持续进攻

从中握戒备势开始

使出一记击打1，对手下蹲躲避攻击

与其收回长棍重新出击，不如继续进攻，画弧绕开格挡，继续攻击对手

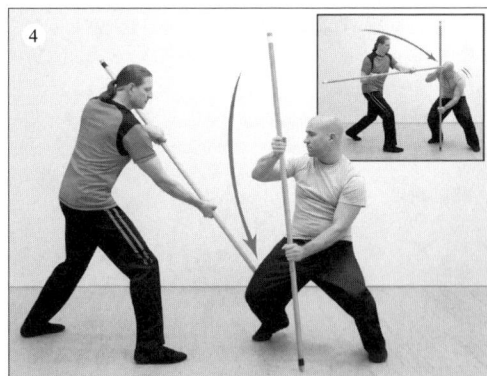

打击距离你最近的目标，在这种情况下，你可以将目标锁定为对手前腿的膝盖后侧。最后，瞄准其脖子，跟进一记棍把打击（见内置图）

　　当进行第二次打击时，应保持长棍持续运动，这样可以将上一次攻击中的动能保留在下一次打击中。立即改变方向并发动新的攻击，打击与上一击方向相反的目标。如果你无法迅速重新定位，或者相反一侧没有可供选择的目标，就继续挥舞长棍，使其旋转360°，然后回到上一击的一侧，这时你可能不需要重复最初的攻击线路，因为或许新的机会已经出现。对抗格移时，这一技巧也十分有效。

　　你也可以迅速回切，从相反一侧打击同一目标。一旦你判断自己不能击中目标，就应该立即减速以改变长棍的方向。绕过目标并迅速回切，抓住对手的破绽完成打击。

　　有一种聪明的策略，可以用来对抗强大的格挡者，那就是故意错失第一次打击，刚好避开对手的格挡，并迅速占领其相反一侧的攻击线路。由于这是你规划好的动作，因此你将能够迅速减速，大幅度回切，以攻击相反一侧的目标。

回切

从中握戒备势开始

用击打 1 引出对手的标准格挡。在长棍即将相接时，收回棍梢，绕过格挡

立即回切，同时，弓步上前缩小打击距离

最后，即使你的长棍被拦截、格挡或因其他原因停下，你也可以秉持持续进攻的策略，尝试打开其他攻击线。只要不过度投入第一次攻击，你就可以迅速做出反应，并转向另一条开放的攻击线。如果你预判了对手的格挡，甚至还可以利用长棍碰撞时产生的动量来发起下一次攻击。

改变方向

从标准防御姿势开始

垂直向下使出击打 5，对手进行格挡

一旦察觉到自己将被格挡，立即改变打击方向，对另一个可能的目标进行打击。在本例中应该瞄准对手腹部

闪电进攻

缩短与对手间的距离，在不被打中的同时成功发动攻击，是长棍格斗中最棘手的招式之一。我们已经介绍过基本步法，除此之外，还有一些缩小打击距离的特殊方法，可以帮你实现更快速、更出其不意的攻击，即闪电进攻。

跃进

　　跃进，即双脚突然向前跳跃。这一动作旨在迅速移动，所以不必跳得很高。在向前跃进并发动攻击时，应该尽量让双脚贴近地面。打击应在双脚落地的同时就已经完成，而不是落地后再发动攻击，这两个动作必须同时进行。

跃进

从中握戒备势开始，站在对手的打击范围外。对手认为你无法触及他，自然就会放松警惕

突然向前跃进，同时用棍梢由右至左打击对手。在此之前，不要做任何暴露意图的动作

在双脚落地的同时，向对手头部使出一记快速有力的打击。在前脚着地的瞬间完成打击，尽可能将动量注入打击中

飞刺

　　接下来介绍的闪电进攻动作来自西方击剑技巧中的"飞刺"（flèche）。"flèche"在法语中是"箭"的意思。可想而知，在运用飞刺技术时，你应该像一支强弓射出的箭。这一技巧旨在掩藏你的意图，直到攻击酝酿成形。

　　开始的时候，将重心迅速平稳地移至前脚，然后前脚掌向后推地，后脚迅速上步跟进。虽然这个动作由后脚引领，但前脚掌提供了爆发性的向前的动量。你的打击应在后脚着地前落在对手身上。前脚掌所提供的动量应足以让你跃至对手身边，以扼杀对手发动反击的机会。如果你能比对手更快地调整好站姿，你的新位置将很可能为你提供一个发动意外攻击的新角度。

飞刺

中握持棍，刚好站在对手的打击范围外

将重心移至右脚，身体弓步前倾，保持长棍静止，以隐藏意图

后脚用爆发性的力道离开地面，带动身体向前，用棍梢向对手头部发动打击，引诱对手进行格挡。你需要投入这次打击，因为如果对手没有格挡，你就可以有效地打击对手

身体继续前倾，后脚上步，站稳，同时用棍把向左击出

再次上前，在前脚着地前的瞬间打击目标，尽可能将动量注入打击中

利用向前的动量跃至对手身侧，使对手难以反击，甚至不可能发动反击

总体战略

在面对对手时，你最好从一开始就有一套经得起考验且行之有效的总体战略。尽管每个人都应该根据自己的情况制订一套总体战略（实际上是一组策略和相应的战术），但我发现以下总体战略可应付大多数对手。

学习总体战略最好的方法，就是体验一场全速、全接触的比赛，这需要参与者身穿护具或使用加了缓冲装备的武器，或两者兼而有之。这样的训练旨在确保你的战略（总计划和目标）和战术（用来实施计划并实现目标的具体技巧）在实际格斗中能够发挥作用。总体战略是一种简单（易记）、实用（易应用）的两步胜利法。

开局时采用延握持棍姿势。先待在对手的打击范围外，然后在他进入你的触及范围（死圈）时不断打击距离你最近的目标（通常是手、前腿的膝盖或脚踝）以观察对手的反应。记住，你应避免受到任何打击，这种观察期可能不会持续很久。你必须准备好随时进入第二阶段。

当对手意识到他自己受到伤害却没有对你造成伤害时，格斗就进入了第二阶段。通常，对手越聪明，就会越快意识到你成功的秘诀：延握持棍。通常情况下，对手也会试图变为延握以扳回局势。然而，胜利的机会总是潜藏在不均衡的局面中。尽管你可以继续延握攻击，但此时正确的做法是尽早抓住机会，用墙式格挡或格移越过对手的长棍，并突然拉近与对手间的距离，然后改为中握持棍，用长棍的两端连续打击对手。由于你的打击来自两侧（甚至是四面八方），采用延握的对手一时将无法抵挡。此时，你将迎来一个绝佳的机会，你可以尝试用钩式双重击打对其实施部分或完全缴械。

一旦对手展开坚实的防御，特别是如果他选择回到中握，你就应该立即转移，以一定的角度后撤，然后回到延握持棍。不要直接后退，否则你可能会受到击打。这个时候，你需要通过一些长而有力的打击来掩护自己后退，以防对手反向锁定你。在后退的同时，寻找下一次攻击的最佳角度和目标。

注意不要让对手用你的方法还击。始终使对手待在延握触及范围内以控制战斗，直到你察觉到对手想回到延握而需要再次变为中握时。

采用这种战略，你将有可能始终领先对手一步。只要对手一直追随你的步伐，你就能主导战斗，打乱对手的战略，使他不得不陷入重新调整自己的无限循环中。

记住，总体战略应与你学到的所有知识共同发挥作用，包括佯攻、连击、套路误导、双重击打、手部打击、钩式缴械以及你知识库中的每一项技巧。动用所学知识，切换不同的握棍方法以达到不同的触及范围，通过总体战略来赢得最终的胜利。

你的最终目标是完美整合你所掌握的每一种技巧，并用它们来打击对手，且不被对手击中。

在 2005 年活钢格斗学院锦标赛中，经过一天的激烈战斗，我赢得了总冠军。那天，我赢得了 8 个项目中的 5 个：长剑、匕首、细剑和匕首双武器、降服摔跤，当然还有长棍

七项首要原则

《防卫科学宝典》（*The Schoole of the Noble and Worthy Science of Defence*）一书由英国击剑大师约瑟夫·斯韦特纳姆（Joseph Swetnam）于 1617 年创作而成。书中提出："真正的防御以七项首要原则为基础。"即使到了现代，这七项原则仍然是几乎每种现代武术的基础，你需要牢牢记住。

1. 坚实防御：仅仅知道如何防御是不够的，你要能尽可能久地抵挡敌人。

2. 把握距离：距离敌人应足够远，但当你迈步打击或刺击时，又能恰好触及敌人。

3. 熟悉战场：你必须留意敌人距你最近的部位，以及最容易忽视的部位，无论是手、膝盖、腿部，还是不危及自己的情形下，在远距离上你可以对敌人造成伤害的部位。

4. 抓住时机：当机会来临时，……迅速做出反应……行动之快应胜于言语。

5. 占据空间：在向敌人发起攻击后……用武器占据空间，并再次采用防御姿势，为防守做好准备，同时谨慎规划新的攻击。

6. 保持耐心：耐心是一种伟大的美德。智者曾说，傻瓜才会失去耐心。

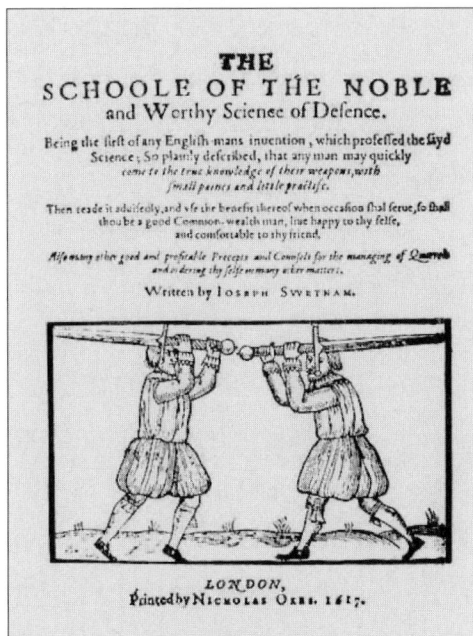

《防卫科学宝典》

7. 反复练习：俗话说，疏于练习的人甚至会忘记《主祷文》（*Pater noster*）[1]……熟能生巧是最有力的武器……将帮助你战胜那些疏于练习的无知者。

第 6 级练习大纲

目标：动用所学的长棍技巧对抗对手。

1. 热身：5 ~ 10 分钟。与想象中的对手慢速格斗。刚开始时动作要慢。想象对手在你反击、进攻和防御时的反应。随着身心进入状态，逐渐加快速度，但不要练到气喘吁吁的程度。

2. 距离感、控制力：10 ~ 15 分钟。尽管这是一项控制训练，你也应该戴好头部、手部、肘部和膝盖的护具。练习时使用轻型藤棍或泡沫长棍。开始时面对

---

[1] "Pater noster"即"Our Father"（天父）一词的拉丁文。在斯韦特纳姆的时代，《主祷文》是流传最广的祷词，是人人都不会忘记的内容。

着对手，慢慢在对手的打击范围外移动，观察其姿势和动作。一旦发现进攻机会，就立刻击向目标，但不要产生接触。停止动作，调整姿势，然后重新组织进攻。这一训练应以实战中一半的速度进行，直到你与搭档都能熟练地控制打击，再逐渐提升速度。

3. 准确性、时机：10～15分钟。如上所述，在练习一段时间后，实战双方将逐渐加快速度，你会越来越难以控制自己的打击，这是练习中的自然规律，但你需要尽可能放慢节奏。当你们开始在无意中相互击中对方时，就该转入第二阶段了。即使采用自由格斗的形式，对抗的双方也需要尽量控制打击力度。每次顺其自然地进入战斗，然后停下并重新归位。注意练习快速、准确的打击技巧。在击中目标的同时，不要让对手有机会还击。时刻保持警惕，带着目的移动。你的任务是系统地测试自己技能库中的每一项技巧，弄清楚每种技巧在什么时候有效，以及为什么有效。

4. 力量：10～15分钟。花时间在重沙袋、打击柱、轮胎或其他类似的训练装备上测试新学到的技巧。独自与训练装备对战，除了能培养力量外，还是一个对有效的技巧进行身心回顾的过程，有利于将知识牢牢地储存在你的头脑中，同时形成肌肉记忆。

5. 平复：5～10分钟。在训练后，花点时间做一些轻松的伸展运动十分重要。这将使你的肌肉放松下来，更快地恢复。肌肉恢复得越快，你就能越早找回状态，投入下一次训练中。

这一级的警句是：别打硬仗，打聪明仗。

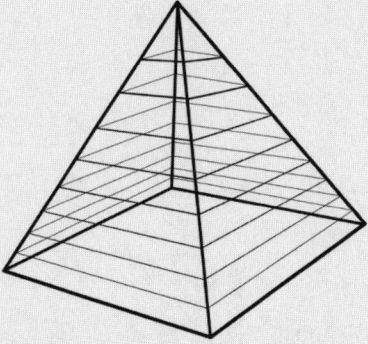

第 7 级　专业训练

Level 7: Expert Staff Training

制胜妙招

我将第 7 级中的技巧称为"制胜妙招"。这些技巧并不适合基础板块，对掌握基本长棍格斗技能来说不是必要的。但如果你想成为一名长棍格斗专家，这些知识就必不可少了。在这一级中，你将学到一些特殊的技巧和"欺骗手段"，它们将帮助你击败更强大、更敏捷的对手。要学习这些技巧，你需要有相当的知识储备。正因如此，我将其视作核心课程的补充。对初学者来说，如果没有掌握第 1～6 级的技能，这些技巧几乎没有用武之地。

变化握法

到目前为止，我们主要使用标准的右手握法。然而，左右手并用，或是和用右手一样，熟练地用左手中握或延握将大有益处。在战斗中变化握法会使对手瞬间陷入困惑，在对手适应前，你将获得绝佳的发动攻击的机会。

你必须出其不意，平稳而迅速地切换握法，以防止对手反击。从标准右手握法开始，先将后手向前滑至接近前手的位置，然后迅速将前手移到原来后手的位置。同时切换前后脚。经过练习，你应该能通过一个流畅的动作从右侧防御切换至左侧防御，并跟进一次出其不意的攻击。

仅仅知道如何变化握法是不够的。你必须用另一只手重新练习惯用手掌握的所有技巧，直到两只手可以同样熟练地操作。每当对手认为他已经占据上风时，你都可以通过变化握法使对手瞬间陷入困惑，因为他需要花时间观察你握法的变化并重新制订对策。制订策略并采取行动——这就是美国空军上校约翰·博伊德（John Boyd）提出的"OODA 循环"[1]（观察、判断、决策与行动）。虽然对手可能只需一秒来完成"OODA 循环"，但这已经足以给你提供一次发动攻击的机会。这样，你就能在心理和行动上打得对手措手不及。

变化戒备势

在之前的章节中，我们会在一开始摆出两种防御姿势：基本中握戒备势和基本延握戒备势。这是两种最基础的防御姿势，除此之外，你还有更多选择。以下我们介绍的戒备势并不以防御为目的，而是旨在为对手设下陷阱，因此叫作"圈套防御"。与其从基本戒备势开始，让对手从中揣摩出你的计划，不如在格斗中途突然变化戒备势。在紧要关头，对手极有可能落入陷阱。

愚人防御

愚人防御是最具欺骗性的戒备势之一，会使你的整个身体看似暴露在对手的攻击之下。不过，正如俗语所说，"只有愚人才会铤而走险"。实际上，在这种防御中，你的棍梢距离对手比其他任何防御姿势都近，你只需稍抬棍梢，或下压棍

愚人防御

① 摆出后撤步延握姿势，压低棍梢，但不要触地，以防影响举起长棍的速度。你需要骗过对手，让对手相信你毫无防备。请保持耐心，等待对手采取行动

② 用余光盯住对手的双脚。对手发动攻击时，就会向前上步，这时，你需要迅速变为前进步，向前摆臀，上抬棍梢直刺对手。棍梢指向对手的喉咙，让其主动撞上长棍

---

① "OODA 循环"，又称博伊德循环。该理论的基本观点是：武装冲突可以看作敌对双方互相较量谁能更快、更好地完成"观察—判断—决策—行动"的循环程序。——译者注

把、上提棍梢，就能直接刺向对手。一旦对手开始向前上步，就会在站稳前保持向前的趋势。如果你能把握好时机，就可以在对手上步中途打击其面部或喉咙，切断其动能与攻击。

棍把防御

使用棍把防御时，你需要收回长棍，斜指后方。这一姿势让你看起来毫无防备。然而，就和每种圈套防御一样，只要你把握好时机与距离，就能占据优势。如果对手向你冲来，准备好后脚上步以缩短攻击距离，或者前脚迅速后撤以避开

棍把防御

棍把防御可为攻击以下目标做准备：膝盖、肋部、前导手、头部

对手。这两种走位都能让你有效地攻击对手的脚踝、膝盖、裆部或肋部。

高位防御

采用高位防御时，乍看之下你只是将长棍架在肩上，完全没有防御，然而，这时的你就像一个敞开的捕鼠夹。左脚在前，站在对手的打击范围外；右手在上，延握持棍，将长棍架在右肩。这个不设防的姿势势必会诱使对手发动进攻。将长棍以约 45° 角斜向下指，但不要放得太低，以防在对手发动攻击时来不及举起长棍。

如果对手谨慎地接近，你就可以向他突进。先用右脚上步，出其不意地缩短与对手间的距离，同时用棍梢垂直向下打击。

如果对手选择冲向你，你就可以左脚后撤变为右弓步，拉开适当的距离，再用棍梢进行打击。

高位防御

①从高位防御预备姿势开始；②当对手前进时，前脚后撤准备打击；③尽可能长时间地将长棍架在肩上，直到进行打击的一刻；④在打击后立即跟进，一种选择是改变攻击的方向；⑤朝对手喉咙直刺

在与创意历史协会的朋友们一起训练时，我曾与一个 16 岁的少年对战，他穿着极少的盔甲，拿着一把我见过的最荒谬的剑。这把剑和我们所用的武器一样，由藤制成，长达 6 英尺，还有 2 英尺的十字护手。当他将这把离谱的剑架在肩上时，我并没有在意，因为我确信自己可以把这孩子打得毫无还手之力。

　　我记得学校里响起了一阵铃声，也许是因为课程即将开始了。可没想到，接下来，我在这里学到了宝贵的一课。

　　我先是明白了这名少年为什么会身穿如此之少的盔甲，因为我根本无法靠近他。每当我试图用普通长度的剑来缩小打击距离时，对手就会迅速后退并狠狠打击我。他的速度非常快，好几次在我的头盔被击中前，我都没来得及做出有效的防御。接下来，他开始把我的手当作目标。尽管我戴着一副结实的铠甲护手，但仅仅被打中几次后，我就无法再握住剑，只好退出了战斗。

　　每当我被人暴打，就一定会去分析背后的原因，然后加以练习。如果一种技术强大到可以打败我，那它一定也能帮助我打败别人。我会研究对手的技术，并在融会贯通后将其加入自己的技能库。

　　高位防御的关键在于，由整个身体动能驱动的强大的肩膀杠杆可以向前，也可以向后。当你移动时，身体前倾，并用肩膀助力，使长棍尽可能久地架在肩上。这一方法搭配上灵活的步法和良好的时机，你将有机会连环重击对手，使其无法靠近。

从高位防御姿势开始

按兵不动，直到对手先向前移动

设置陷阱，向下打击对手的前导手，同时后撤

一旦击中，立即停下

利用开放的攻击线直刺对手喉咙

为确保完全击败对手，请在最后的直刺中使出全力

　　肩膀杠杆也可以与你在东加训练（参见第 4 级）中学到的悬挡相结合。练习肩膀杠杆时，你可以将东加训练加以改进。先将长棍架在肩膀上，然后进行打击。你也可以尝试将杠杆概念应用到水平打击中，但要使用上臂而非肩膀作为支点向前推进。

背后防御

　　看看下面这张 19 世纪末两个男孩进行长棍格斗的图片。左边的男孩采用基本延握戒备势，而右边的男孩则采用背后防御戒备势。如你所见，背后防御是另一种圈套防御。虽然这一姿势令他看上去毫无防备，但实际上他是在引诱对手进入打击范围。一旦对手接近，采用背后防御的男孩就可以从右侧向下击出一记强劲的延握打击（还可以加入高位防御中所说的肩膀杠杆），或者从左侧进行斜向上的延握打击。

　　正确采取背后防御的关键在于控制你和对手间的距离。与高位防御一样，如果对手冲过来，你就应该立即后退，拉开足够的距离，确保可以用棍梢有效地打击对手。

　　如果对手在你的打击范围边缘徘徊而不迈进，你就可以

抓住机会上步以缩短与对手间的距离，然后自上而下或自下而上打击对手。

与其他只能从一侧打击的圈套防御相比，背后防御格外具有欺骗性，因为你的打击可能来自任意一侧。请充分利用三维空间。你可以通过向一个方向做假动作来诱使对手防御，然后迅速从另一侧进行打击。然而，与所有圈套防御一样，你的策略将使你暴露在对手的打击下，处于相对不利位置。因此，注意不要过度使用圈套防御，否则，掉进陷阱的也许就是你自己。

自上而下打击

采用右侧背后防御姿势

一旦对手接近就向左扭转，佯装从左侧上挑长棍，使对手掉入陷阱

迅速改变方向，转为从右侧攻击，同时变为延握持棍

利用肩膀杠杆打击对手的前导手

自下而上打击

摆出右侧的背后防御姿势

佯装从右侧进行打击，将对手的注意力吸引至你的右侧，同时灵巧地变为左侧延握

迅速改变方向，向左扭转，释放右手

打击对手右侧，瞄准其头部、肘部、肋部、膝盖或踝部

　　我曾在少林功夫中学到过一种更动态的背后防御方式——上钩劈。这一招式的核心是从背后防御直接转为进攻。下图演示了经典的上钩劈，你也可以触类旁通，用同样的姿势进入其他打击，比如一记毁灭性的水平膝盖扫击。

上钩劈

放低防御姿势，引诱对手进行高位打击

当对手准备进攻时，向上格挡

顺势收回长棍，同时右脚上步

左手暂时松开长棍。这样你就可以用右手抡棍，再用左手重新抓棍

继续向上进行弧线打击

在摆动的最高点，利用肩膀使长棍迅速停下，同时左脚上步

最后，和高位防御一样，向下打击，击败对手

其他技巧

除了变化防御姿势，以下补充的一些其他技巧也有助于丰富你的技能库。这些技巧旨在辅助核心课程，而不应过多使用。正如那句老话所说：常在河边走，哪能不湿鞋。

棍把向上打击

右脚在前，从基本的中握戒备势开始。你可以在原地用棍把快速向上垂直打击，或者选择左脚上步拉近与对手的距离，同时用棍把向上打击。

这种打击与击打 6（见第 1 级）不同，此时发力的手位于你身体的同一侧。由于发力手没有跨越身体，因此你可以将臀部和腿部的力量直接注入打击中以增强威力。

秉持持续进攻的原则，棍把向上打击还可以无缝衔接一记上手棍把刺击（见下一个技巧）。不仅如此，你还可以将棍把向上打击与高位缴械敲击（稍后将在本章介绍）结合起来。

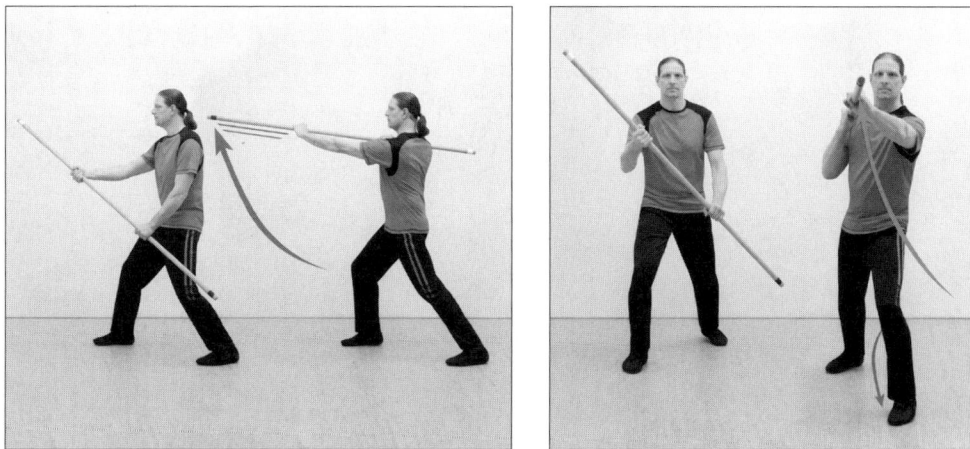

棍把向上打击正面与侧面示例。注意可以结合上步，拉近与对手的距离

上手棍把刺击

上手棍把刺击是一种强大的近距离攻击，中握或延握时均能发动。在这种

在全副武装的情况下，全力以赴地进行上手棍把刺击
（罗兰·瓦热哈摄）

技巧中，你需要将长棍高举过肩，棍梢向后，用棍把坚定地刺向目标。与所有刺击技术一样，一次攻击后，你需要迅速收棍并重新调整，随时准备防御或再次进攻。一次有效的棍把刺击可以让对手立即停止进攻。

上手棍把刺击成功的关键在于良好的时机把握与稳健的步法。如果对手向你冲过来，你可以原地采用这一技巧，利用对手前冲的动量使其撞到长棍上。

这种打击的问题在于，你需要从高位动作开始。将大部分长棍背在身后，使自己暴露于对手的快速攻击之下，尤其是来自对手的低位攻击。因此，上手棍把刺击往往需要与灵活的步法结合起来，以缩短与对手间的距离。你的准备动作会让对手误以为你要进行的是一次向上的打击，从而打乱其防御，为成功刺击奠定基础。上手棍把刺击也可以衔接棍把向上打击、棍把水平打击或高位缴械（参见

上手棍把刺击

从中握持棍开始

将长棍举过头顶

不要停止动作，而是用长棍画弧来维持动量，改变长棍的方向，并向前向下刺击目标

第 7 级）等招式。

单手刺击

我们在第 4 级中学习了强有力的手部固定刺击以及威力稍逊的滑动刺击。除此之外，还有第三种刺击类型——单手刺击。虽然单手刺击不像其他两种刺击那样有力，但它可以实现更大的打击范围和不同的攻击角度。你可以从中握或延握戒备势开始发动单手刺击。

一记侧面发动的单手刺击

将棍梢对准目标，暂时松开前手，用后手向前推动长棍。使握棍手的手臂完全伸展，直到棍梢直接刺中目标。攻击目标最好为面部、喉咙、太阳神经丛和裆部等位置。攻击完成后，立即将长棍收回，并用另一只手抓住，准备好再次防御或进攻。

你可以在发动攻击时向前上步，以增加刺击的威力。同时，迅速缩短与对手的距离，使这记直刺更加出其不意。

单手刺击

摆出标准的延握后撤步姿势，站在滑动刺击的攻击范围外，使对手误以为他很安全

迅速转为前进步，松开左手，右臂向前推动长棍，由下向上单手刺击。臀部扭转，为打击注入力量。由于单手刺击通常威力不足（即使加入了臀部旋转），因此它通常只对裆部、喉咙或面部等极为脆弱的目标有效

毒蛇出洞

笔者重绘的《古代僧侣长棍棍法》一书中的插图

这一招式记录在中国僧侣袁万大师所著的《古代僧侣长棍棍法》（*The Ferocious Enchanted Staff of the Ancient Monks*）一书中。著名咏春拳教练梁挺年少时，在中国香港街头的旧书摊上邂逅了这本古老的教程，并将其重新印刷出版。

在长棍格斗中，对手往往会瞄准你的头部，尤其是当你故意露出破绽，并用三步法则引诱对手发起攻击（见第6级）时。"毒蛇出洞"（中国人喜欢给招式起一个形象的名字）即在对手投入高位攻击后，你将长棍突然下移到其长棍下方，用滑动刺击或单手刺击从低位发起攻击。毒蛇出洞的目标最好是裆部、太阳神经丛和喉咙。不过，相比其他大多数技巧，毒蛇出洞需要更多的练习，因为你需要有相当的灵活性，才能将弓步姿势降得非常低，并且需要强有力的腿部肌肉来支撑你迅速流畅地起身，以跟进防御或进攻。

毒蛇出洞

遵循三步法则，故意暴露头部引诱对手发起高位攻击

一旦对手发动攻击，就将身体降低到其攻击线以下

滑动刺击对手的喉咙

将后臂用力地伸直，通过摆臀为打击注入力量

菲奥雷格挡

有时候，你可能需要用单手握住长棍来进行防御。由于有效的格挡通常需要以两点支撑长棍，你可以选择将棍把支在地上。

这样一来，你就可以单手使出墙式格挡了。你只需让自己的身体保持在墙式格挡的一侧，远离对手的攻击。格挡时，可以用上手轻微左右移动长棍。

这一技巧得名于意大利击剑大师菲奥雷·代·利贝里（Fiore dei Liberi），最早记录于他在1410年创作的《战斗之花》（*Flower of Battle*）一书中。格斗时，菲奥雷会一手使用长棍，一手使用匕首或剑，边格挡边刺向对手。

不使用另一种武器时，也可以用菲奥雷格挡一边抵挡对手的武器，一边空出另一只手抓住对手的长棍。你还可以扔掉自己的长棍，以拉近双方的距离，换取缴械的机会。

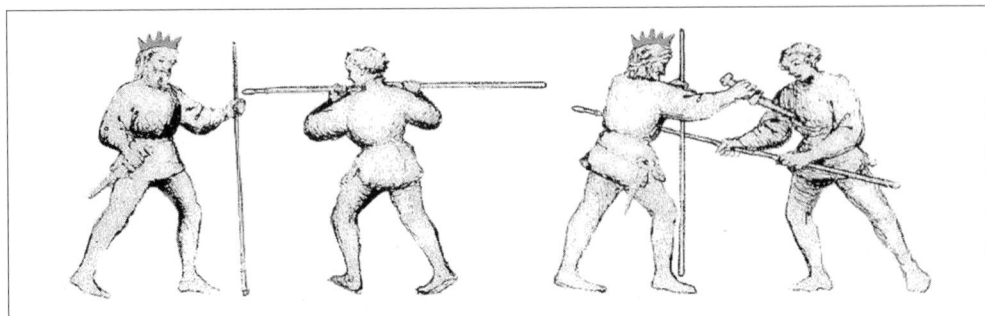

《战斗之花》中的菲奥雷格挡示意图

菲奥雷格挡

摆出中握戒备势，故意暴露头部，引诱对手攻击

当对手上当时，将棍把支在地上格挡其攻击

立即向前迈出一步

扔掉自己的长棍，用双手牢牢抓住对手的长棍

在迈步向前的同时逆时针转动身体

大幅扭动身体，完成缴械

缴械敲击

普通敲击（见第 5 级）旨在清理出攻击线路，缴械敲击则旨在击打对手以使其长棍部分或完全脱手。缴械敲击的要点在于打击的角度，因为长棍只能通过拇指和食指间的间隙脱手，所以打击的角度至关重要。一旦你打中了对手的手掌，便无法缴械。

跟所有武术一样，在长棍格斗中，重要的是读懂对手的意图，并在恰当的时机选择合适的技巧来达到目的。观察对手握住武器的方式，如果他握得很松，便代表这是一次发动缴械敲击的完美机会。但是，如果对手握得很紧，缴械成功的概率就会大大降低。

不过，仍然有一种方法可以用来对付紧握长棍的对手，那就是打击其手部，迫使其松开长棍。

头顶缴械敲击

从中握戒备势开始

佯装垂直向下打击对手头部，引诱其进行头顶格挡

一旦对手投入格挡，迅速改变长棍的方向，用棍把向上挑落其长棍

立刻跟进一记上手刺击

制约与压制

想要避免受伤，最好的办法就是控制对手的武器。关于这方面的技巧，我们已经学过格挡和格移两种方式。作为补充，接下来将介绍制约与压制，旨在使对手的武器暂时无法移动，这样可以大大增加反击成功的概率。

制约就是使对手的武器无法移动。你可以通过用手抓住或用手臂钩住的方式来制约对手的长棍，还可以将对手的长棍压在其身体上，使其无法发动攻击。压制则是指利用地面来限制对手武器的移动。你可以将其长棍压在地上，也可以踩或跪在对手的长棍上。你的腿在对手长棍上施加的巨大压力，甚至可以将对手拖倒或帮助你完成缴械。

压制攻击

对手从右向左发动攻击，你进行格挡

后脚立即上步，利用对手动作的惯性向下打击其长棍

继续敲击，将其长棍暂时压制在地面

迅速改变长棍的方向，沿着开放的上段攻击线打击目标

飞身前踢

飞身前踢是一种特殊的闪电进攻。这一招式的思路是在格挡对手的上位攻击时，突然大步拉近与对手的距离，沿低位攻击线出其不意地踢向对手。与所有闪电进攻一样，你需要在不暴露意图的前提下突然上前。同时，你需要在对手投入棍梢攻击时发动闪电进攻。一旦对手看穿了你的意图，或者没有投入棍梢攻击，他就可能发起低位反击，比如在你向前跳跃时向上踢你的裆部。

飞身前踢

你可以故意暴露头部，引诱对手用棍梢发动攻击

在对手将注意力转移到你暴露的目标的瞬间，你要立即冲上前去

在后腿提膝高抬的同时，提起前脚，并且将长棍举过头顶垂直格挡上方打击

膝盖尽量上提，双脚跳起

在跳跃至最高点时，踢出前脚

前脚用力踢向对手的腹部或裆部。攻击腹部时，脚趾向小腿方向上钩，用前脚掌踢击对手。攻击裆部时，用脚背从下向上撞击对手

长棍抛物

你可能通常在没有障碍物的开阔空间练习长棍格斗，但真正的战斗很可能会发生在室内或室外的任何地方。因此，你需要利用环境来最大限度地发挥自身的优势。通过适当的训练，你将习惯在周围有很多障碍物的环境中作战，还能学会如何利用这些障碍物来迷惑和击败对手。

长棍抛物就是一种利用长棍将物品投向对手的技巧。这一绝技源自日本渔民，他们通常会用船桨来进行自卫。你不妨想象一下，当一个渔民正在收获当天的劳动成果时，几名当地的流氓意图抢走他的货物。于是，渔民顺手抓起触手可及的武器——他的船桨。当流氓走近时，渔民猛地用宽大的桨片朝其眼部扬沙。流氓只能捂着眼睛狼狈逃窜，渔民则乘胜追击。

长棍可以抛的物品不止沙子、树枝和树叶。不妨再想象一下，你在一家酒馆遭遇了一场混战。尽管你想尽可能地避免冲突，但还是有人对你发动了攻击。于是，你只能抓起触手可及的武器——一根台球杆。相比立刻投入战斗，此时，你最好的选择是钩住吧台上啤酒杯的把手，并将啤酒杯抛向离自己最近的对手，为自己争取一些时间和空间。

长棍抛物

当对手位于你的打击范围外时，你假装随意地将棍把支在地面上，并不会引起他的警觉，他甚至会认为你疏忽大意，不设防备

在不暴露意图的前提下，用长棍猛地将地上的物品钩起，抛向对手面部

抓住这一瞬间的机会，缩短与对手的距离，发动攻击

投掷长棍

有时，你可以战略性地将长棍投向对手。投掷长棍的优势在于，你可以出乎对手意料地扩大攻击范围，打得他措手不及。但这一招式也有一个明显的弊端，那就是一旦你掷出长棍，就相当于自动缴械。因此，这是一项需要谨慎采用的技巧。

　　然而，投掷长棍有时也会成为最好的选择，特别是当对手手持飞刀或枪等远距离武器时。在这种情况下，你的长棍无法攻击对手，而对手仍然可以攻击你，那么你的武器就失去了作用。因此，你应该学会放手，用一记巧妙的投掷迫使对手躲避或格挡你的攻击，利用对手分心的空当来创造机会，逃离现场或拉近与对手的距离以缴械，进而击败对手。

　　这一技巧的关键在于，你不能让投掷的蓄力动作暴露自己的意图。动作不要太明显，你可以从容地将重心转移至后脚，慢慢将长棍拉向身后，避免对手警觉。然后，突然发动一记有力的投掷，将重心移至前脚，摆动臀部以利用身体的动能。你可以垂直或水平投掷长棍。

　　需要明白的是，垂直投掷时，对手能侧身躲避；高位水平投掷时，对手能从下方躲闪；而对于非常低位的水平投掷，对手可能会跳起来躲闪，尤其是在你暴露意图后，对手躲避就更容易了。因此，你需要在投掷后立即跟进，不能有丝毫犹豫！

投掷长棍

将长棍拉向身后，并将重心转移至后脚，准备投掷

将重心转移至前脚，无论是垂直投掷还是水平投掷，都要在扔出长棍的瞬间摆臀助力

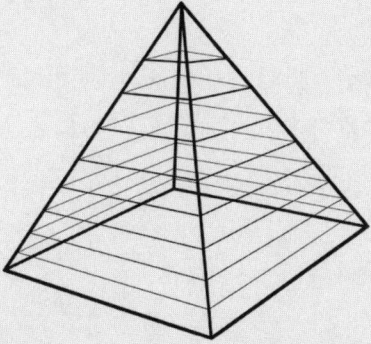

第 8 级　大师训练
Level 8: Master Staff Training

在第 8 级的大师训练中，我们将聚焦一些高级的长棍格斗技能，包括近身战、地面战、一对多格斗以及徒手对抗长棍。这些格斗方式更加危险，参与者需要具备相当的长棍技能，不适合新手尝试。

长棍近身战

尽管长棍可以为你赢得空间，但不幸的是，你并不总是享有这一优势。在实战中，你可能会发现自己正处于一个狭窄的空间，或者正面对一名已经冲到眼前的对手。在这种情况下，你将不得不利用近身杠杆、推戳技巧与灵活的步法来摆脱困境。

当对手处在你的手臂或腿的打击范围内时，你可以采用近身战。如果你中握持棍，就可以用双手强力出击，用长棍中段击打对手。如果你延握持棍，就需要用武器的两端进行打击和刺击。正因如此，矛和其他长柄武器通常会装备沉重、

用长棍中段打击

用长棍拦截对手的进攻

拦截时用棍梢逆时针盖压对手的长棍，清理出高位线以备攻击

提起棍把，同时向前上步

用长棍中段重重打击对手颈部

尖锐的尾帽。你可以用简单的木制打击柱进行练习，因为这些长柄武器即使没有尾帽，用其端部打击也足以撕裂重沙袋。

　　这一技巧的关键在于，你的整个身体都可以作为武器。长棍只是你自身力量的放大器。当对手靠得太近或开始与你缠斗时，头捶、肘击、膝击和脚踩都是十分有效的进攻方式。一记有力的直踢可以直接将近身的对手踢到长棍的有效打击范围内。当你的武器被限制，局势对你不利时，不妨立即松手转为空手进攻。然而，你不必完全扔掉长棍。如果对手抓住或困住你的长棍，你可以仅松开一只手来进行一些有效的打击，然后在长棍脱困后重新抓住它。

肘击

尝试向对手面部使出一记上手棍把刺击

对手将你的长棍向下盖压并压制在地

这时，对手与你的头部间出现了一条明显的攻击线，在对手改变进攻方向前，后脚上步，用菲奥雷格挡压制对手的长棍，同时瞄准其颈部和下巴，使出一记出其不意的肘击

踢裆

对手进入你的踢击范围

用后脚的脚背快速向上踢其裆部

你还可以利用地面暂时压制对手的长棍。

压制制伏

格挡对手从右向左的打击

后脚立即迈步绕至左侧，棍把下击，利用对手的动量对付他

继续下压，将对手的长棍压制于地面

前脚上步，将大腿别在对手的大腿后。同时，上提棍把，将长棍横在对手胸前

向左扭臀部和肩膀，用前腿将对手别倒

跟进一记棍把直刺

　　撬棍是长棍近身战中的实用技巧之一。你需要将长棍的一端送至对手支撑腿的后面，然后别其前腿或者向其身体施加压力，直到对手失去平衡摔倒在地。撬棍可以有效地将对手引入岩石或树木等环境障碍物中。不仅如此，你还可以利用这一技巧，将一名对手引导到其他对手的路径中，制造障碍以阻止并限制对手接近。你可以在附录 I 中了解更多关于撬棍的原理。

撬棍

对手将身体过多的重量放在前腿上，缺乏机动性，这意味着你可以用撬棍发动有效的攻击

一旦你发现对手的弱点就向前迈步，将长棍中段压向其面部，引诱对手用中段格挡回应你

在向前推棍的同时，立即下放棍把别入对手的前腿内侧

继续推棍，下撬对手膝盖内侧

向前上步推倒对手

一次成功的撬棍可以让对手毫无防备地摔倒在地

要知道，上述技巧仅仅是一个开始，以上展示的肘击、踢击、压制和撬棍等技巧都是从大原则中发展出来的技术。除此之外，还有很多其他的选择，例如，你可以用许多方法撬动对手。最重要的是探索总体概念，将基本原则融会贯通。通过这种方式，你将加深对长棍的理解，这比学习具体的技术重要得多。

地面作战

长棍格斗会转移到地面作战阶段，这时你需要具备良好的地面作战技巧。在柔道等摔跤式武术中培养的坚实基础，有利于让你在攻击时免于摔倒。熟练的缠斗技能对地面作战大有裨益，尤其是当你与对手都倒在地上进行对抗时。摔跤和缠斗是另外的艺术，并不在本书的讨论范围内，但你最好对此进行学习和练习。本节将集中探讨摔倒在地上后可以使用的长棍技巧。

踩踏膝盖

当你倒在地上时，一般来说，最好赶紧起身。但由于在起身时容易受到对手的攻击，因此，有时候躺在地上作战，直到能够安全站起来才是上策。

当你倒在地上时，请立即翻滚至背部触地，旋转身体，使双脚位于你和对手之间。这样一来，最关键的目标——你的头部就可以远离对手的武器，更重要的是远离对手的脚，避免对手踢你的头。将长棍横在身体上方以格挡来自左侧或右侧的攻击。

右侧格挡

左侧格挡

中部格挡

站立时，你很难用脚保护自己，但当你仰面躺在地上时，就可以用脚来格挡、踢打或绊倒对手。工作靴一类的厚底鞋可以充当抵御攻击的盔甲，为脚提供良好的保护。你不仅可以用脚挡开甚至阻止对手的长棍攻击，还可以踢倒或巧妙地绊倒对手，让对手摔倒在地。

剪刀腿制伏

左脚抵住对手前腿的膝盖，阻止其接近

当对手向你的面部刺击时，用长棍中段格移，将攻击挡至你的左侧

交换前后脚，左脚背钩其小腿前侧，同时向左侧翻滚

右脚用力踩对手的腿

向右翻滚，迫使对手跪倒在地

利用动量继续滚向对手，锁住其右腿以限制其行动，然后用长棍向其后脑勺下方打击

记住，即使躺在地上，你仍然可以用长棍进行有效攻击。

踢腿连击 1

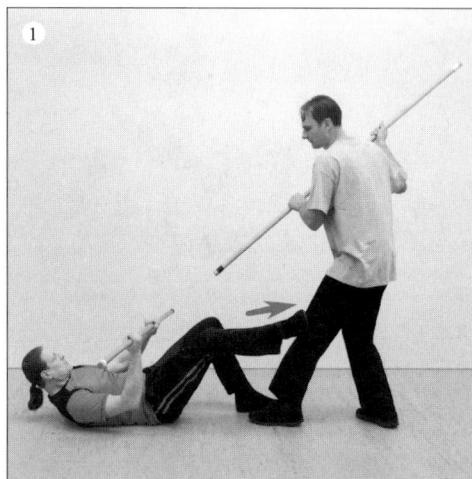

当对手将你击倒在地时，用三步法则引诱对手

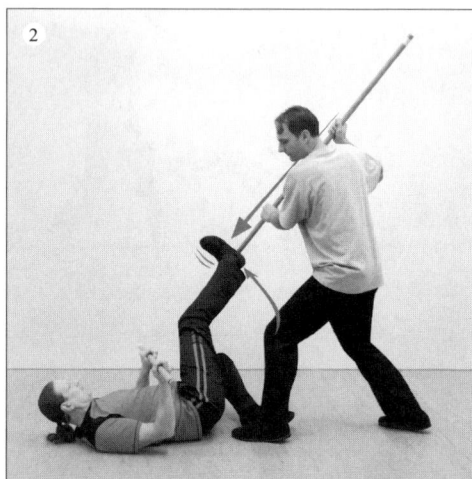

当对手向你直刺时，抬脚挡住中线，将对手的长棍踢向一侧

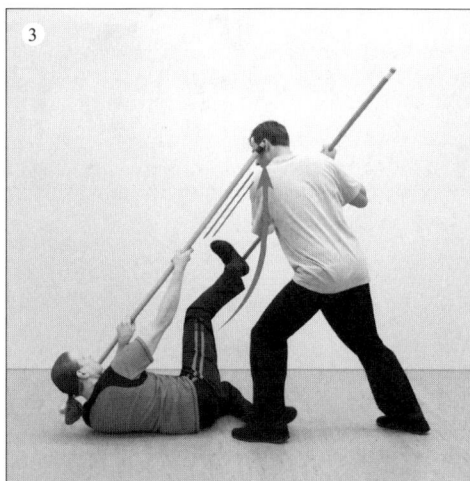

利用踢腿动量带动身体，用棍把打击对手颈部

踢腿连击 2

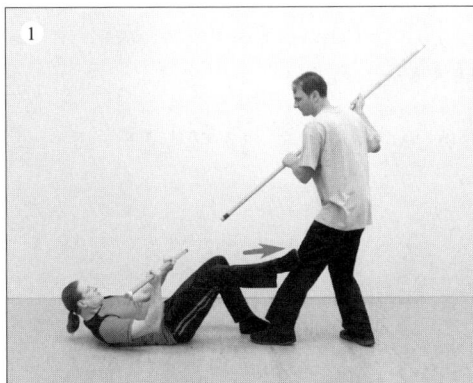

合理组织脚和长棍的动作进行防御，或者以此打开进攻线，打击对手暴露的目标。右脚抵住对手的前腿膝盖，阻止其接近

当对手向你刺击时，右脚做外摆弧线踢击，用脚底抹其长棍，使之偏离原本的攻击线

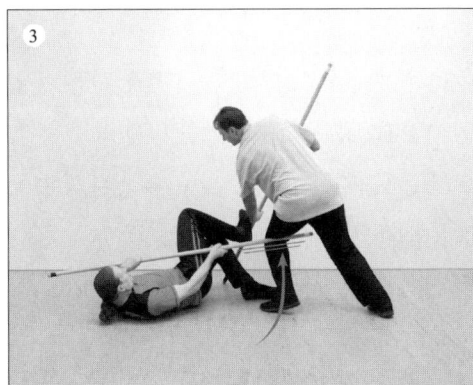

在完成外摆弧线踢击后，就可以从右侧打击对手的前腿膝盖，同时将身体迅速转向右

当对手的头跌入踢击范围时，用右脚踢其下巴

保持长棍与对手的颈部接触，在压制对手的同时翻滚起身

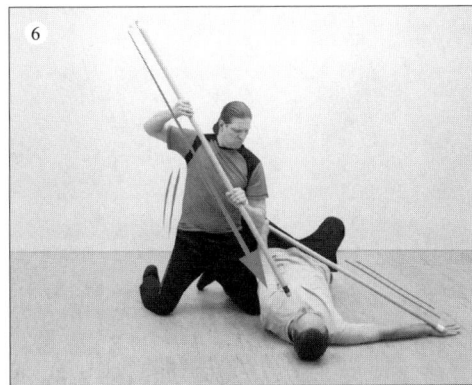

跟进一记棍把直刺

我们无法一一讲解每种情况的应对方法，因为实战很复杂，你会面临各种各样的情况。不论是对你还是对对手来说，时间或位置的微小变化都将决定某一技巧的成败。因此，你必须不断积累战略和战术的实践经验，明白如何以及何时运用这些技巧才是上策。然后，通过适当的训练，锻炼相应的心理和身体素质，使自己能够将动作组合为有效的连击。

> 有些事情不可言喻。通一事，知万事。当你掌握规律之道，自然就能看透一切。你必须学以致用。
>
> ——宫本武藏《五轮书》

一对多长棍格斗

与单个对手进行长棍格斗就已经令人应付不来了，如果要对抗多个对手就更是难上加难。因为格斗中一切都发生得特别快，你几乎无暇思考，只能依靠扎实的训练和优越的体能。成功的关键在于对杠杆和几何的深刻理解（参见附录Ⅰ），再加上全面的感知与恰到好处的舞棍。尽管长棍可以为你赢得空间，但你并不总能占据这项优势。当情况变得复杂时，你必须不时地利用近身技巧和推戳技巧，并配合灵活的步法来摆脱困境。

我的好朋友克里斯·霍尔（也是附录Ⅰ的作者）是我长期的训练搭档，他曾给我写信讲述自己与一群警察朋友过招的经历。他曾挑战一对六的长棍格斗。在读到他的描述时，我真希望有人能录下这段格斗视频。尽管没有视频，我们仍然

能从他的文字中学到很多东西。

　　尽管没有录下与警察们格斗的视频，但是相信我的描述也会让你兴奋不已。那是一场典型的乱取^①格斗：你需要保持灵活，依次挑战并击败对手，不要被困在他们中间，除非……他们位于你的两侧。如果是这样，你就要先同时打击其中两个人的头部，然后打击其裆部。如果打击不够快，就会有一人冲过来，我会用双拳向前击打其胸部来拉开距离，然后使出基本打击（1、2、3、4、5、6等），直到下一批人进入我的防御范围。当听到有人从背后冲过来时，我会向一侧躲开，让冲过来的人用警棍打中他们自己人。我故意露出一个空当，引诱对手冲过来，然后我向一侧闪开，让他打到自己的同伴。还有一个人尝试用辣椒喷雾来对付我（我们制订的规则中允许使用喷雾），他在我后退时躲在另外两个人身后伺机向我移动，在他们的缝隙中使用喷雾。于是，我就用1-2拍的快推让左右两人撞在一起，挡住喷雾。我的对手中只有两位老手，其他几乎都是1级或2级的新手，因此我大部分时间都在与这两位老手对战。他们两人都急于进攻，于是，我很好地利用了这一点。由于大部分对手都没什么经验，套路死板，容易被看穿，因此尽管听起来对手很多，实际上我把它当作一场一对二，并且可以利用很多环境干扰的战斗。

---

　　① 乱取（Randori）是一种合气道的练习形式。在乱取练习中，一位合气道练习者（aikidoka）会快速并连续挑战多名对手，而对手无法预测他将如何攻击或者按照怎样的顺序进行攻击。

克里斯的描述与我用长棍对抗多名对手时的经历如出一辙。单独对抗众多攻击者的确是一项艰巨的挑战，但通过练习，你就可以在混乱中掌控局面。

面对一群来势汹汹的攻击者时，你绝不能被吓倒。问题在于，如果你与其中任何一个对手对战的胜算都是五五开的话，那么，随着攻击者人数的增加，你的胜算就会急剧下降。聪明的攻击者会试图包围你，从你的盲区攻击你。因此，重点是始终让所有对手都待在你的视野范围内，或者尽可能如此。此外，你还需要尽快从他们的"杀戮区"脱身。有一些简单的步法可以帮助你实现这两个重要的目标。

让我们先从一对二格斗说起。两名经验丰富的攻击者通常会试图左右包夹，与你站在一条直线上。当然，你最好站在这条线的一端，以同时看到他们二人，并利用其中一个对手来阻挡另一人的进攻，逐个对付他们。这种策略叫作"堆叠对手"，你需要学会熟练地向任意一侧顺利脱身。

以标准中握戒备势面对对手，使自己可以利用长棍的两端发动攻击。此时，左侧的对手 1 已经注意到你身体和头部的暴露目标，因为你的棍把正处于低位。而右侧的对手 2 此时则更注重防御，因为你的棍梢正冲向他。因此，你更容易吸引对手 1 的注意。右脚略微向左后方退，脱离对手的攻击线，同时假装放松警惕来吸引对手 1，并拉开与对手 2 的距离。躲避并格挡对手 1 的打击，左脚向左后方移动至对手的死角（在战斗姿势中，当你的右脚在后时，你的死角就位于你身体的左侧）。继续向左后方移动，绕过对手 1，使其位于你和对手 2 之间。在整个过程中，注意不要放任对手来到你的身后。现在，你可以利用在中间的对手 1 来阻挡对手 2 的直接进攻。

从标准中握戒备势开始

后退，离开对手的攻击线

躲避

左脚后移，格移对手 1 的打击

继续向左后方移动，绕过对手 1，使其位于你和对手 2 之间

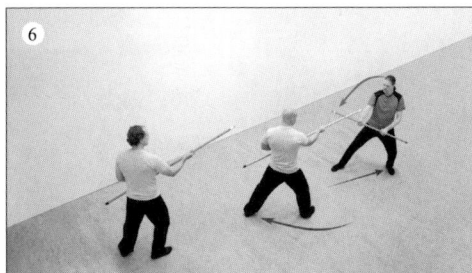

现在，你可以利用对手 1 来阻挡对手 2 的直接进攻

由于情况是动态变化的，即使你成功堆叠对手，也无法持续很长时间，因此，不要浪费自己创造出的短暂机会，在对手变换站位或重新组织进攻前，迅速决定是进攻、撤退，还是先进攻再撤退。

你也可以用相同的思路挑战 3 名对手。通常，3 名攻击者会围成一个三角形，将你置于中间。同样，你需要避免停留在"杀戮区"的中心。此时，你的第一选择是面对威胁最大的对手，让较弱的对手处于两侧，而你的背部应该朝向三角形的一条开放侧边。接下来，你需要向着开放侧边慢慢后退。尽管此时你仍然夹在两名对手之间，但两人总比三人好。如果足够幸运的话，你会发现自己处于两名较弱的对手之间。

我们刚刚讲过如何从两名对手的包夹中脱身并堆叠对手。同理，当位于三角形的一边时，你应后退离开攻击线，并观察哪一名对手威胁更大，或者谁打算率先进攻。对手的打击一定会又快又猛，你需要做好准备，不要慌了阵脚。在脱离包围的同时格移打击。再次向后退，使自己处于一个能够面对所有对手的有利位置。如果可能的话，你应该抓住这个稍纵即逝的机会迅速撤离现场。

被 3 个人围攻时，面向威胁最大的对手

向三角形的一条开放侧边后退

离开进攻线

在脱离包围的同时格移打击

抓住机会迅速撤离

　　对抗 4 名或更多对手将更具挑战性，使用的策略和战术与对抗 3 名对手大致相同。积极思考并保持冷静。你选择的策略和战术将决定形势的走向。

在与多名对手交战时，还有一个有用的技巧，那就是用一只或两只手在不同高度向着四面八方舞棍，借此将一群攻击者分散开，创造一个逐个击破对手的空间。这种技巧也可以迫使单个对手后退，从而为你创造逃跑的机会。遵循持续进攻的原则（见第 6 级），在第一次抢棍时打击或格移对手，然后画圈并从同一侧再次打击对手。在这一过程中，你需要略微转身，不要直视你正在攻击的对手，而是用余光观察所有攻击者。当对手后退躲避你的攻击时，你就有机会前进，并拉开与其他对手间的距离。大幅度抢棍也可以防止其他攻击者在你忙于应付眼前的对手时向你靠近。最终，你应该通过位置的变化与对手拉开足够的距离，创造机会逃脱。

如果对第一名对手的攻击无法使其后退，你就需要迅速改变方向以对付其他对手，最后再攻击第一名对手。通过这种方式，你将能够利用变幻莫测的步法和多变的目标来迷惑对手，直到顺利逃离"杀戮区"。

堵截

以一种"攻向我"的姿态来引诱对手。当然，这只是一个计策，你其实并不希望他们真的攻过来，所以不要过于放松

一旦对手发现机会、失去耐心或变得自负，就会试图缩短距离来攻击你。一旦对手向前移动，你就应该把握先知先觉的时机（参见第 6 级中的"理解时机"），先发制人，拉近距离，夺回主动权，发起攻击

用棍把快速击打对手

攻击时要时刻警惕另一名对手

用棍把持续压制对手，转身面向其他对手

迅速抓住机会移动到安全距离

多名对手的包围将使你透不过气来，但你需要冷静下来，保持头脑清醒，这是求生时最重要的一点。请记住最基本的策略：面朝最强的对手，在两名较弱的对手间周旋，堆叠对手。如果你发现自己仍然无法逃离"杀戮区"，就不得不强力突围。这时，闪电进攻就派上了用场，特别是飞刺技巧（见第6级）。你可以通过飞刺来震慑一名对手，然后迅速越过对手，在其他人还没来得及组织下一次进攻前安全逃脱。

飞刺逃脱

你发现自己被3名对手包围，而且没有明显的逃脱路线

利用飞刺使其中一名对手失去战斗能力。佯装向右水平打击，引诱面前的对手进行左侧防御

大步向前突进，用棍把向左打击对手头部右侧

右脚跟上，顺时针转身面对其他对手

穿过空当

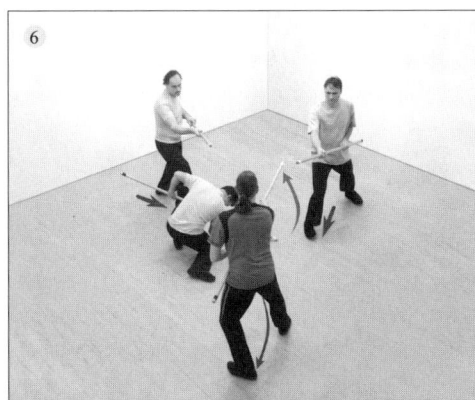

左脚后撤，控制并保持你与其他攻击者间的距离。注意利用已被制伏的对手来阻碍其他人接近你。你可以向左绕，使被制伏的对手位于你和其他攻击者之间，增加你逃脱的胜算

一对多的战斗乍看之下是"超纲"或不必要的训练，然而在真实的自卫情境中，攻击者常常会成群结队地发动攻击。你可能遇到单独的攻击者，同样也可能遇到一群持械的暴徒。因此，学习如何在面对多名对手时成功逃生，是每名高级学员的必修课程。不过，尽管上述基本逃脱步法是一种有效的练习，但初学者仍应避免与多名对手对抗，直到你积累了更多经验，能同时应对多名对手。

总而言之，对抗多名对手堪称长棍格斗中最具挑战性的内容之一。请牢记下列通用准则。

（1）避免被对手包围；避开"杀戮区"；避免被逼入困境。

（2）使所有对手待在你的视野范围内；正视前方并用余光扫视四周；永远不要背对对手，也不要让对手有机会从你背后靠近。

（3）你必须学会控制距离。有策略地发动攻击，阻止对手接近。

（4）在练习中，我们会坚持对抗以积累经验，但当你真正处于生死关头时，

请抓住一切机会逃跑，使自己和所保护之人迅速撤离到安全地带。最重要的是，快跑！当你获得逃跑的机会，而对手在身后穷追不舍时，速度快的人才能最终占据优势，而速度慢的人将处于劣势。当你和对手拉开距离后，你就可以找到机会，一个接一个地迅速击败对手。不要追求公平竞争，尽可能欺骗对手以占据优势。你不仅可以突袭、伏击敌人，还可以采取砸门或扔花盆等方式随机应变。保持冷静，迅速思考，尽可能利用环境。

> 活下来的战士才能再次挑战；
>
> 阵亡的战士永无第二次机会。
>
> ——塔西陀（Tacitus）

徒手对抗长棍

有时，你也许不得不徒手面对持械的对手。尽管你很可能会被击中，但你必须沉下心来控制对手的武器。良好的时机、稳健的步法和无所畏惧的心态将帮助你战胜对手。由于从右向左的斜向打击是一种常见的攻击方式，你将有很大可能通过暴露头部（参见第 6 级中的"三步法则"）来诱导对手使出这种打击。你必须预测并正确判断对手的进攻方式，然后迅速流畅地减速，把握先知先觉的时机来触碰对手的武器（参见第 6 级中的"理解时机"）。接下来，你可以选择硬式或软式制伏。硬式制伏即通过打击来击败对手，而软式制伏则是利用转身动作来控制对手的武器，并将其压制在地。当然，夺取长棍的方法有很多。后面，我们将讲解"刺刀缴械"和"牺牲投掷"两种方式来展示这些可能性。

硬式制伏

左马步面对对手，左肩前倾以防御重要区域。放低双手，引诱对手放松警惕

当时机成熟时，抓住对手分神的瞬间，突然拉近距离，并用前手抓住其长棍

抓住长棍，压制对手的打击，同时使出一记右钩拳

立即用右手抓住长棍

用长棍将对手拉向自己并直踢

从对手手中夺取长棍，同时斜向下打击对手

软式制伏

左马步面对对手，这将在一定程度上防御对手从左向右的打击。你的所有感官必须高度警惕，身体放松，但随时准备向前猛冲

在察觉到对手准备进攻时（请把握先知先觉的时机），向前上步，拉近双方间的距离，同时举起右手保护头部并拦截长棍

完成上步，同时抓住长棍，不要试图阻止其运动。相反，跟随长棍继续运动，并逐渐控制其运动。请注意，你的后脚已经随着运动开始向前溜步

在继续旋转长棍的同时，后脚上步

继续以放松、流畅的动作旋转长棍，上抬对手左臂

停下左脚，身体向左扭转，利用身体的重量完成缴械

继续旋转身体，直到对手摔倒在地

不要给对手站起来的机会

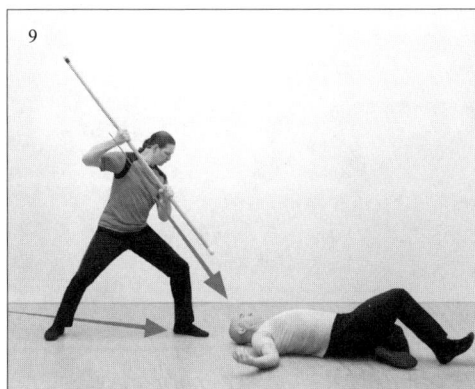

用一记棍梢直刺制伏对手

刺刀缴械

放低双手，利用三步法则引诱对手刺击

灵活避开对手的刺击，用左手格移棍梢至右肩上

向前伸出右手

从下方抓住对手的长棍

迅速向后拉长棍，拖拽对手，使其摔倒

摆臀发力，向下打击

牺牲投掷

左马步面对对手。站在其打击范围外，用身体外缘迎向最大的威胁——对手的棍梢，以保护你的重要部位

察觉到对手准备进攻时（请把握先知先觉的时机），迈出左脚，出其不意地缩短双方间的距离，这样一来，你就能挡住对手的进攻，然后控制其长棍

右脚内收至左脚前方

迅速下坐，仿佛要坐在对手脚上

向后躺下，用右脚对准对手下腹

将对手抬向空中

用右脚将对手踢过头顶

继续后翻，双手抓住长棍以保持与对手处于相对位置

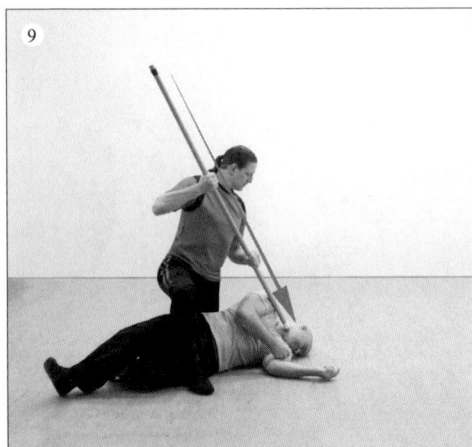

最后，跪在对手身上，以一记直刺制伏对手

也许这令人难以置信！你真的能空手制伏一名危险的持棍对手吗？或许你愿意听我讲个故事，希望这个故事能给你带来一些启示。

2008 年，美国宾夕法尼亚州波茨敦活钢格斗学院的创始人戴夫·迪基决定，与其毫无新意地按照传统形式举办年度锦标赛，不如尝试一些新的形式。因此，那一年的锦标赛仅有挑战赛这一种形式。在一天的赛事结束后，所有格斗者将投票选出获胜者。颁奖项目包括"最英勇挑战奖""最精彩比赛奖""最大惊喜奖"，以及备受瞩目的"最全面格斗家奖"（那天我赢得了这个称号和其他一些奖项）。

大约在比赛的前两个月，活钢格斗学院的教练乔·麦克劳克林（Joe McLaughlin）和两位同学找到了我，希望届时向我发起长棍挑战。大家都知道我擅长长棍，他们或许是希望通过挑战我来赢得"最大惊喜奖"或"最英勇挑战奖"。经过一番思索，我告诉两位同学我接受他们的挑战，但前提是我要同时对战他们两个人，他们欣然同意。我还接受了教练乔的挑战，但前提是我会从徒手状态开始，直到夺下他的长棍，然后比赛暂停，等他拿到另一根长棍后我们再继续比赛。我还记得乔当时的回答是："我很想见识一下。"

现在，唯一的问题是我从未空手对一名持棍对手进行过缴械。但既然我已经夸下海口，就不得不兑现承诺。于是，我立即开始准备。我既是活钢格斗学院的学生，也经营着自己的武术学校。距离锦标赛还有几周，我必须抓紧时间练习。于是，一有机会我就让武术学校的学生们拿起长棍攻击我，学生们几乎总是选择最常规的击打 1。很快我就掌握了一些实用技巧，并对自己的水平感到相当自信。我想自己的表现一定能让我在锦标赛中脱颖而出。万一没能成功，我还能"赢"得"最惨落败奖"，如果这也算一种赢的话。

一天晚上的课后时间，我让黑带学生们拿着长棍轮流攻击我。当轮到唐·怀特时，另一名黑带学生戴维·马丁看出了我的意图，于是建议唐先采用低位佯攻，然后再攻击我暴露的上段。于是，唐向我袭来，我立即判断出她想要发动一次右侧的中段打击，就迅速冲上前去。但就在我抓住长棍的瞬间，她稍微收回长棍，摆脱了我的手，并立即打向我的上段。啪！她击中了我的左眼上方，然后立即停下，满脸震惊地看着我。

我以为她只是惊讶击中了我，就让她继续攻击。唐回答道："你在流血。"我不管不顾地喊道："继续攻击！"而唐只是看着我说："你在流血……很严重。"于是，我伸手摸了摸脸颊，发现脸上有血流过，又低头看了看，发现血已经滴在地板上了，只能退出战斗。尽管我的妻子就是当地的急救护士，但她拒绝在家里帮我缝合，我不得不停下练习，前往急诊室进行又一次漫长而无聊的治疗（这不是我第一次紧急就医，也肯定不是最后一次）。之后，我不得不戴上头盔，以免再次受伤。这在一定程度上对我的比赛有所帮助，因为比赛当天选手们必须佩戴头盔（出于保险条款的要求），所以提前适应一下也是好事。

锦标赛当天，第一场是我与那两位同学的比赛。我运用灵活的步法与之保持距离，尽可能地堆叠对手。在比赛进行到地面缠斗前，我认为自己已经完全掌握了节奏。即便是地面缠斗，我也表现得不错。经过两分钟的激战，比赛被判定为平局。不久，当整个比赛进行到一半时，一场夏季大风暴引发了停电，房间内只剩下从店面玻璃透过来的光，尽管这为比赛的裁定带来了一些困难，但我们仍然在黑暗中继续比赛。

随后，我与乔的比赛也拉开了序幕。乔手持长棍，而我则空手站在他面前。

我背对光线，所以乔在明处，而我在暗处。我用前脚掌着地，站在他的攻击范围外，直到裁判"开始"的声音响起。房间里弥漫着紧张的气氛，每个人都屏住呼吸，期待着一场好戏。这场比赛前，我敢说活钢格斗学院里从没有人见过我空手缴械，因此乔毫无心理准备。他是一位出色的战士，我知道自己需要速战速决。后来，在回看录像带时，我才看到那时的乔其实只犹豫了一瞬，但对我来说已经足够。在乔开始行动前，我迅速冲上前去抓住了他的长棍，在我转身并将他摔倒在地的一瞬间，房间里的每个人都听到他大叫了一声："该死！"尽管有运气的成分，但我确实做到了。努力训练，把握时机，再凭借一点好运，相信你也可以做到。

> 要么做，要么不做，没有试试看。
>
> —— 尤达（Yoda）[1]

---

[1]　影片《星球大战》系列中的人物，绝地委员会大师。——译者注

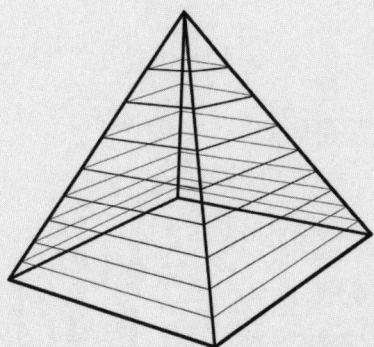

第 9 级　长矛之道

Level 9: The Way of the Spear

认识长矛

在本书开头，我曾提到长棍是亚洲的武器之王。但现在我要纠正一下说法，长棍只能算得上"武器王子"。因为长矛才是当之无愧的武器之王。尽管长棍可以造成伤害，但长矛才是名副其实的致命武器。

我们可以将长矛理解为力量强化后的长棍，有尖锐的顶端与锋利的刀刃。长矛是一种重要的武器，它既有效又容易获取。与长棍一样，长矛可以有效地对抗其他大多数武器，因为它的触及范围更大，使用长矛攻击时不会像用短刀、短棍或剑那样将自己置于危险距离之内。虽然长矛无法轻松携带（更不能隐藏），但你可以在需要时临时制作一根。只要找到一根长长的硬木棍，把一端折断，使其变尖，就得到了一支长矛。只需用一些常见的材料（胶带、刀具、扫帚把），就可以在几分钟内制作完成一支实用的临时防身武器。

想要练好长矛，你需要用长矛将之前学到的所有长棍技能复习一遍。你会发现长棍技能用在长矛上更加有效。在练习中请始终使用钝刀，最好是橡胶刀，以避免造成意外伤害。在与伙伴练习长矛时，最好戴上眼部保

刚柔东方武术协会的喹恩·恩戈在演示长矛刺击

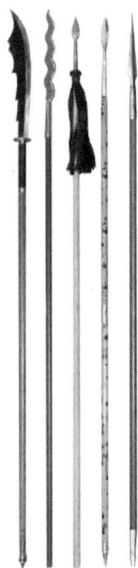

护装备（比如安全护目镜）。在任何接触训练中，最好戴上头盔，并使用尖端较粗的泡沫长矛，以防止其刺入头盔面罩的孔洞中。只有做好防护，你的动作才能更放得开，你才能更真实地模拟战斗，真切体会到长矛是如何刺向对手面部的。请记得控制好力度，并采取适当的保护措施！

长矛格斗策略

长矛格斗以你所学的所有技能为基础，与延握格斗非常相似，只不过多了尖锐的顶端，或许还有锋利的刀刃。现在，你的武器不仅能够造成钝击的外伤，还可以刺伤或割伤对手。

长矛格斗与击剑类似。你可以从后撤步开始，采取一种强大的策略。左腿在前呈防御姿势，将长矛尖端指向对手肚脐和颈部间的任何地方。保护自己的中线，但不要静止不动。不规则地慢慢移动长矛尖端，让对手无法预判你的下一步动作。利用步法控制距离，使对手无法越过长矛尖端。让对手始终位于你的长矛右侧。这样一来，即使对手越过长矛尖端，你也可以用矛杆加以防御。但如果对手从左侧越过长矛尖端，你就会处于易受攻击的不利位置。

长矛有两种基本握法：下握，前手掌心向上；上握，双手掌心向下。下握更适合防御和刺击，而上握则更适合劈砍攻击。现阶段我们主要采用下握，因为我们已经很熟悉高级延握的长棍格斗了。

直刺

从防御姿势开始，保持武器相接，观察对手的动向

一旦察觉到对手有任何偏离中线的动作，迅速前刺

一旦对手将武器从防御位置移开或暴露中线，你必须迅速果断地向前出击，同时弓步上前以扩大触及范围，增强威力。与长棍一样，你可以单手或双手握住

长矛直刺对手，视情况选择手部固定刺击或滑动刺击。无论是哪种刺击方式，你都需要在攻击后立即回到防御姿势。

当然，你还可以调动在延握格斗中学到的所有技巧。但既然你的武器有尖锐的顶端，你就可以优先考虑直刺的便捷性和有效性。然而，狡猾的对手不会被你轻易刺中，因此你需要更多地利用击剑技巧来创造攻击的机会。

转移

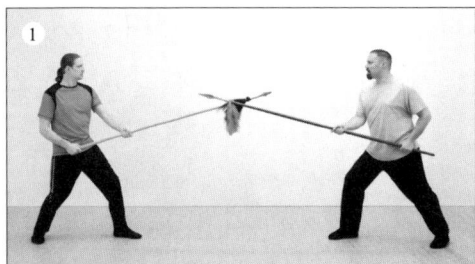

对手将矛尖指向你，试图占据中线

转移，矛尖逆时针画小圈，绕过对手矛尖，占据另一侧线路

轻压对手的长矛，清理出一条攻击线

在对手有机会恢复前立即直刺

上步直刺

站在触及范围外，使对手误以为自己暂时不会受到攻击，从而放松警惕

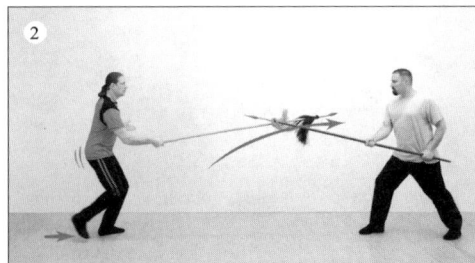

一旦对手上当，就迅速向前上步，身体正面尽量保持静止，以避免暴露攻击信号

弓步向前单手直刺，出其不意地刺向对手胸膛

训练装备：训练环

这是一个能让你成为"指环王"的机会。训练环旨在练习刺击技术的准确性和穿透力以及可操纵对手武器的画圈技巧，对长棍和长矛的训练都很有帮助。训练环中通常设有额外的目标——一个悬挂在中心的小木盘。

你可以用各种材料制作训练环。图中的训练环是我从胶合板上切下来的，我先用胶带将它们缠绕起来，然后绑上绳子。我找来了一条旧电线来悬挂训练环，20 多年后它们仍然很牢固，也许永远都不会磨损（实际上，以下两张图片中的训练环是同一组）。除此之外，你也可以用胶带将旧软水管粘成圆环，轻松制作出大小不一、坚固耐用的训练环。

开始练习时，让训练环保持静止。站在训练环前，使长棍或长矛穿过中心而不触碰两侧。尽量深入穿透训练环中心。在你能够稳定地做到这一点之后，就开始慢

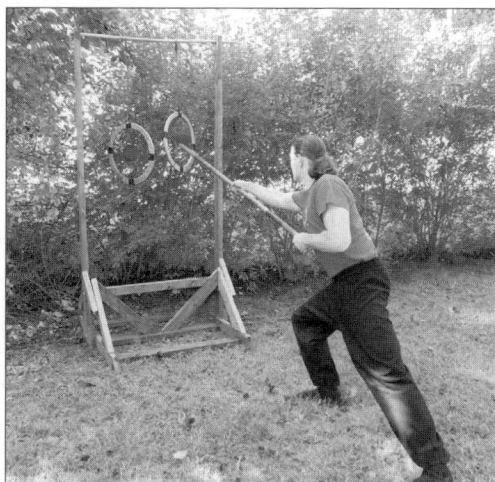

慢旋转训练环。一定要在看准时机后迅速出击，并在收回时格外注意不要让武器触碰到训练环。尝试融入步法练习，你甚至可以在训练环边旋转边摆动的情况下练习。

你也可以在训练环内练习画圈，努力接近但不触碰侧边。这种练习格外锻炼你的画圈技巧，该技巧在夺取中线或钩式缴械时格外有用。

徒手对抗长矛

当你徒手面对手持长矛的对手时，你需要尽可能地靠近对手，这样才能进行有效攻击。待在长矛的触及范围内对你来说非常不利，因为使用长矛可以让对手在保证自身安全的同时击中你。

徒手防御时，你必须依靠诱骗对手犯错来创造机会。遵循三步法则，你可以正对着对手引诱其进攻，暴露身体诱使对手直刺。当刺击来临时，你必须避开长矛尖端，并且抓住矛杆以控制武器。当局势变得对你有利时，你就可以反击了。

防御长矛

正对着对手，暴露身体，给他一个无法抗拒的攻击目标，但要随时准备好迎接攻击，因为对手会迅速出手

当对手向你的腹部刺击时，将重心转移至右脚，逆时针旋转身体，摆脱对手的攻击线

一旦你抓住长矛，用右手上推，左手下压，使长矛末端稍微翘起

身体迅速转向左侧，将对手制伏在地

如果你是手持长矛的攻击者，而你的武器被抓住，你必须学会如何迅速摆脱。一旦察觉到对手抓住你的长矛，就用力向前猛刺，随后立即后退，利用身体的重量撤回武器。

推拉防御

刺向对手敞开的腹部

对手侧身躲避你的刺击，并抓住了矛杆

迅速将长矛拉回，长矛的利刃可能会割伤对手的手

画圈摆脱

对手用一只手抓住你的长矛，或者你刚刚成功地从对手手中夺过长矛

你要用双手握住长矛，这样可以有效地发挥杠杆作用

使长矛尖端逆时针绕过对手手腕下方

继续画圈

迫使对手松开长矛

打击对手

　　如果第一个动作没有成功使对手松开你的武器，你应该利用对手的注意力正集中在武器上的机会，迅速踢其膝盖，通过妨碍对手迈步来阻止其靠近，并迫使其松开长矛。

你可以用任意一条腿从前方或侧面踩对手膝盖

记得跟进一记猛烈的劈砍或直刺，彻底制伏对手。否则，对手再次抓住你的武器，你或许就没那么幸运了。

> 质量从不是偶然，它是付出、努力、智慧和练习的结果，代表着明智的抉择。
>
> —— 弗兰克·斯皮尔（Frank Spear）博士

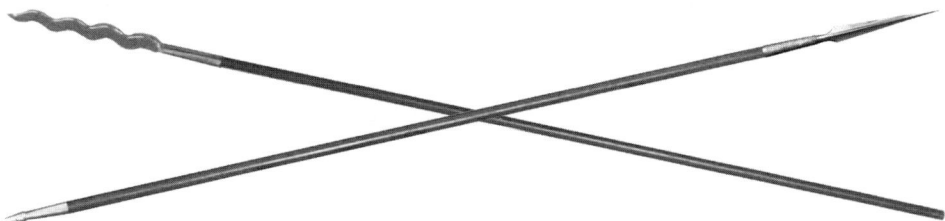

投掷长矛

长矛的一大优势就是它既可以作为手持武器，也可以作为投掷武器。当然，如同本书介绍的其他策略一样，投掷长矛既有优势也有劣势。

投掷长矛的优势在于扩大攻击范围、增强威力、出其不意。投掷长矛安静无声，可在约 30 英尺（约 9.14 米）内有效击中目标，尤其是当你突然从近距离向对手投掷时。至于它的威力，正如冷钢公司（Cold Steel）创始人、狂热的长矛猎人林恩·C．汤普森（Lynn C. Thompson）所说："手掷长矛穿透肉体和骨骼的能力可媲美 470 尼特罗大象步枪。一位优秀的长矛手可以轻易地刺穿公牛、驼鹿、灰熊，甚至非洲水牛。"

然而，投掷长矛也有一个显而易见的缺点，如果你的投掷未能击中目标，而长矛又是你唯一的武器，这时你最好立刻逃跑，因为对手会捡起你的长矛向你追来！尽管如此，你仍然可以通过投掷长矛来制造机会以接近对手，在长矛离手的瞬间迅速冲向他。当然，如果你有时间准备，可以多制作几支长矛，一支用于防御，其他几支用于投掷。

投掷长矛的第一步是将长矛横放在张开的手掌上，以寻找矛杆的平衡点。请注意，握拳时拇指的方向应朝向矛尖的反方向。确定平衡点后，松松地握住武器，而不要用手指紧紧握住。将长矛抬至靠近头部的位置，以手腕为支点，使矛杆平行于地面。将矛尖对准目标，轻轻后拉长矛。后腿蹬地呈弓步，旋转身体掷出长矛。在松手前，尽可能伸展手臂，在脱手的瞬间只剩下拇指和食指接触长矛。投掷时手臂应该与目标位于同一条线上，而不是在你自己的中线上。也就是说，如果你用右手瞄准中央的目标进行投掷，长矛就应该微微偏左才能击中目标。请确保投掷轴与目标在一条直线上，使长矛稳定且精确地沿这条直线划过。

将长矛横放在张开的手掌上，以寻找矛杆的平衡点

错误

抓住长矛时，拇指应朝向矛尖的反方向

正确

松松握住武器。将长矛抬至靠近头部的位置，使矛杆平行于地面

在距离不到 20 英尺（约 6.10 米）的情况下，长矛几乎可以平直地击中目标，让对手无暇躲避。然而，当瞄准更远的目标时，你就需要在掷出长矛时角度稍微朝上，使其划过一道弧线击中目标，让对手无处可躲。

松松握住长矛，使其与地面平行

将矛尖对准目标，轻轻后拉长矛

投掷时，手臂应该与目标位于同一条直线上，而不是在你自己的中线上

后腿蹬地呈弓步，旋转身体掷出长矛

请确保投掷轴与目标在一条直线上，使长矛稳定且精确地沿这条直线划过

　　试着将长矛扔向较软的目标，比如干草。即便如此，这样的投掷练习也会影响长矛的使用寿命。作为替代品，你可以用一些经济耐用的材料来制作练习用的长矛，比如在耙子柄的一端接上一小段钢筋作为矛尖。

接住长矛

　　接住长矛也算是一种"徒手对抗长矛"的技巧。因为如果你手中持有长矛，就不太可能会采用这种策略，而是会安全地格移对手的投掷。然而，你可以想象一种情景，当你徒手或拿着一件较短、较差的武器面对对手的步步紧逼时，只能不断躲避以保持距离。于是，心急的对手向你掷出长矛，而你出其不意地接住了它，扭转了局势。

虽然这听上去令人难以相信，但只要加以练习，你将完全有能力做到。就像一些运动员能够打破纪录一样，有些目标看似遥不可及，但只要有人突破了这一纪录，就会有更多的人做到。重点在于，你要相信这样的目标是可以实现的。

在学习投掷长矛时，实际上，你也学会了预判与应对对手投出的长矛。如果你能注意到对手投掷前的准备动作，就有可能接住长矛并实施反击。首先，遵循三步法则，给对手一个无法抗拒的攻击目标，正对着对手，同时拉开足够的距离。然后，按兵不动，直到对手长矛离手，不再有机会改变攻击的轨迹，你就可以开始行动了。

保持冷静，眼睛盯着对手松开长矛的动作和长矛飞来的路径。在对手长矛离手时，将后脚后撤至与前脚处于同一直线上，迅速判断对手武器的轨迹，身体后仰避开攻击线。依靠熟练的动作，抓住时机，你将能够在长矛飞过时抓住矛杆，然后快速抢棍，掉转长矛，控制武器动量，用它来防御或进攻。

通过学习投掷长矛，你将学会预判对手的动作与策略。如果你能注意到对手投掷前的准备动作，就有更大的胜算接住长矛来实施反击。

正对对手，拉开足够的距离

后脚后撤，与前脚位于同一直线上，身体后仰避开攻击线

在长矛飞过时抓住矛杆

快速抢棍，掉转长矛，控制武器动量

防御或进攻

用一句经典的武士格言来说，就是：知晓即掌握。

面粉桶游戏

准备好为你的长棍和长矛训练增添一些乐趣了吗？认真练习固然是成功的基础，一些趣味游戏同样也不可或缺。面粉桶游戏就是一个经典的训练项目，它收录在 1919 年农场杂志社出版的《如何动手》（*How to Do Things*）一书中，书中记录了一系列适合孩子们参与的手工和游戏。

笔者重绘的《如何动手》中的游戏场面

准备两个面粉桶和两根长棍，每根棍长 8～10 英尺，用尽可能轻的木材制成，末端装有一个又大又软的橡胶垫，这就是用来进攻的长矛。将两个面粉桶平放在地上，间距与棍长相等。然后，两名选手各站在一个桶上，用长矛互相攻击，把对手推下桶即为胜利。裁判应位于一侧，站在两个桶中间的位置。出于安全考虑，最好有人站在选手身后，以防他们掉下来。

攻击对手膝盖以下、将长矛当作球棍使用、推动桶或用手抓住对手的长矛，这些动作都算犯规。一旦有人犯规，就改为另一方先攻。当有人从桶上掉下来时，这一回合即告结束。

如果有一方的长矛掉了但人成功站稳，并未从桶上掉下去，则游戏继续进行。

一局比赛通常可以进行七八回合。出色的选手通常通过连续灵活地扭动身体来赢得胜利。

保持平衡训练充满了乐趣与挑战。

安全的缓冲型长矛应由轻质木材制成，两端粘贴几层由泡沫制成的缓冲盖，
再用光滑的胶带缠绕长矛

这个经典的面粉桶游戏对你当前的训练很有帮助。你可以用训练中使用的泡沫长棍或尖端带有软垫的长矛代替孩子们用的棍子，用树桩、固定的木桩或倒放的水桶来代替面粉桶。总之，请充分发挥你的创造力！

我喜欢和搭档在功夫桩上练习。我们会设置不同的规则，有时可以在所有树桩上移动，有时则只能站在一个树桩上。有时我们只能刺，而有时则可以采用任

何动作。事先确定一致的规则可以避免不必要的误解。

　　我们还会在高高的平衡木上战斗，我们称之为"战斗板"，实际上它只是一块钉在两个树桩上的长木板。功夫桩和战斗板都可以用来锻炼你的平衡能力，培养你的战略和战术。无论你选择什么装备，都应该优先确保所有人的安全。

　　每种游戏都有特定的规则，你可以根据需要、环境或兴趣来修改规则。重点在于，你应该在这个过程中探索使用武器的不同方法，学会制订战略，变得更加灵活，以及最重要的——找到乐趣！

将一块长木板钉在两个树桩上，为长棍训练增加挑战

附录 I　格斗物理学：长棍的力学原理

克里斯·霍尔

物理学是一个广泛的主题。如果深入讨论，我们可以从构成长棍的原子，一直讲到整根长棍的木纤维如何影响长棍的特性、功能和战斗效果。如果我们在冬夜里点燃一堆柴火，在它燃尽前，我们也只能粗略地讲完基础知识。

为使这一部分内容更有针对性且更加实用，我们将专注于力学的讨论。力学是物理学有关运动的一个分支，长棍格斗的主要内容都与运动有关——打击、格挡、格移和杠杆。就连格斗中的步法也旨在通过运动来找到传递力和发挥杠杆作用的理想路径。

接下来，我们将揭示打击、格挡、格移和杠杆背后的力学原理，并通过图表和实验，帮助你将这些基础知识融入直觉和肌肉记忆中。

重要的是，对力学的理解将加深你对长棍的认知。这些知识将增进你对格斗的理解。如果你在理解理论的基础上坚持不懈地练习，不断培养格斗的直觉，就能学会如何做出明智的判断，而不仅仅是被动应对，这将是一种令人惊喜的能力。

相关公式

要想理解打击和格挡的核心，请先记住以下 4 个互相关联的概念与公式。

牛顿第二运动定律：$F=ma$

动量定理：$Ft=\Delta mv$

动能定理：$E_k=1/2mv^2$

功：$W=Fd$

牛顿第二运动定律表明了力（F）、质量（m）和加速度（a）之间的关系。牛顿认为，力等于质量乘以加速度（$F=ma$）。你可以从右向左或从左向右来解读这个公式：当你受力时，实际上你是在接收一个加速向你运动的质量；而当你想要使某物加速时，你需要施力使其质量运动起来。

既然力可以加速质量，那么时间在这一过程中扮演着怎样的角色呢？想象一下，你要推动一辆发动机不太灵光的汽车：你正在用力推一辆轿车的后保险杠，你的朋友则手握方向盘，车子在推力作用下开始前进。假设地面十分平坦，你越用力推，车子就走得越快。如果想要将质量加速到特定速度，或使其在特定方向上产生速度，就需要连续一段时间对其施加相应的力。在某一时刻，我们可以测出车子的位移和方向，并计算出它的速度。

第二个方程式 $Ft=\Delta mv$ 中，我们将得到力和时间以及质量和速度之间的关系。Ft 即力乘以时间，Δ 这一希腊字母则代表"变化"。因此，你施加的力越久（Ft），质量的速度变化就会越大。例如，在橄榄球比赛中，锋线队员需要在比赛中向对手施压，使其不断后退。为了达到这一点，锋线队员在训练中不会在撞击雪橇车后就停下脚步。相反，他们会练习在较长时间内施加恒定的力，并以更快的速度后推对手。

最后，从功和能量方面来理解力也非常重要。对物体施力就是做功，比如当你与对手的武器或身体对抗时。你使对象产生的位移越大，所做的功也就越多。在公式 $W=Fd$ 中，W 是功，F 是力，而 d 是位移，如果没有产生位移，实际上你就没有真正做功。

我们都知道，做功需要能量，我们依靠食物来维持身体机能，我们也必须依靠肌肉收缩来移动身体。换句话说，食物和肌肉收缩中蕴含着潜在的能量。因此，要想对抗对手的长棍，我们必须通过做功将潜在的能量转化为动能，即运动的能量。

接下来，让我们从"打击"这一概念讲起，因为抡起长棍是理解动能最好的方式。

打击

美国国家地理频道的《格斗科学》（*Fight Science*）节目，是一档用实验室技术解释武术的电视节目。根据《格斗科学》的测量，长棍的打击力可以达到惊人的 2769 磅（约 1256 千克），比短棍的打击力高出两倍以上。这是因为长棍具有更大的质量。因此，当长棍的长度达到菲律宾短棍的 3 倍时，在同样的时间内，

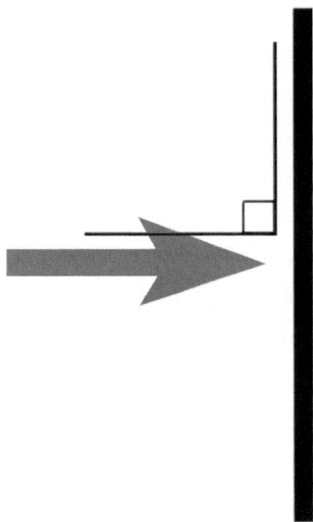

长棍的棍梢可以到达更远的距离以击中目标。更大的质量，以更快的速度移动，将产生更大的动量，并对目标造成更大的影响。

记住：打击要又快又准。

这句话的意思是：

1. 尽可能快地打击，使打击动能达到最大。
2. 以正确的角度打击目标表面，以便最大限度地传递能量。

动能

想象一下，一段被压缩的弹簧，能量正储存在其中等待释放。储存的能量被称为势能，它通过化学和生物的方法奇迹般地储存在你的肌肉中。当你"燃烧"这些化学物质时，就会将其中储存的能量释放出来，转化为动能。

打击时，物体的质量越大，运动速度越大，所传递到对手或目标上的动能就越大，造成的打击也就越重。

质量不是重量。它是物体中实际含有的物质的量。将一颗小石子和一块大石

头放在一起进行比较，假设它们来自同一种岩石，大石头的质量将远远大于小石子的质量，因为它含有更多"岩石的量"。

你更愿意让它们中的哪一块掉在你的脚上？如果你选择大石头，我建议你先放下书，亲身体验一番后再继续阅读。如果你选择小石子，就说明你已经明白，被质量较小的物体撞击所产生的疼痛也会更小。

当把质量纳入考量时，让我们来看看物理学家是如何计算动能的，而数学将为我们揭示质量和速度间的关系。我们刚才说过，运动中的质量很重要。

根据公式 $E_k=1/2mv^2$ 可以看出，动能等于质量的一半乘以速度的平方。值得注意的是，速度的影响不是小幅增加或翻倍，而是达到了速度的平方。

现在，让我们再次在小石子和大石头间做出选择。在这次实验中，大石头将从膝盖的高度掉到你的脚上，而小石子则由一把枪射到你的脚上，而且速度远远超过上一次。那么这次，你选大石头就会比选小石子受到的伤害小。

总而言之，在长棍格斗中，你需要尽可能快速而准确地打击对手，尽可能增加打击的动量，为你的打击注入威力。

力度变化

值得注意的是，你的目标并不总是使出最有力的打击。就像本书中所介绍的技巧那样，有时你只是想轻轻碰触目标，以吸引对手的注意力；有时你只是想拉近距离，然后改变方向，使出一记真正的打击。

一位优秀的音乐家会告诉你，力度变化对表演至关重要。演奏声音的高低往往并不是重点，音乐家需要将两者结合起来，引导听众按照轻重交织的结构进入歌曲。打击也是如此，你需要学会控制力度，精确地引导并操纵对手。

撞击角度

记住：正确的角度决定着一切。

相信每个人都玩过打雪仗，那么我们就用这个游戏来说明这一点。还记得雪球打在脸上的感觉吗？擦过脸颊的轻微打击也许会让你燃起斗志，但打在双眼之间的重击可能会让你当场倒地。

不妨再想想车辆碰撞。对车内乘客伤害更大的是侧面刮擦还是正面相撞？

当你想向目标传递更大的动能时，你必须以正确的角度撞击目标。如果角度不正，能量就会从你不希望的方向逸散。

现在让我们走进一间实验室，将一个重沙袋悬挂起来，看看当撞击角度逐渐偏离 90° 时会损失多少能量。用长棍以 90° 角打击沙袋，听听撞击的声音。注意观察沙袋的移动以及长棍与沙袋表面的摩擦。接下来，保持第一次打击的速度，以 60° 角打击沙袋，往上或往下打都可以。你将看到沙袋的运动幅度有所减小，这意味着打击传递到沙袋上的能量减少了。观察长棍与沙袋表面的摩擦，你会发现打击的一部分已经化作无害的能量传递向沙袋侧面。接下来，再试试以 45° 角打击沙袋，然后是 30° 或更小的角度。控制变量，保持打击速度和身体力学不变，只改变打击角度，从中感受能量传递的递减。

值得注意的是，你会下意识地对打击进行补偿。当向下打击时，你会将身体重量投入打击中来保证打击力度。当向上打击时，你会采用上钩拳一样的姿势，使臀部有效发力来补偿打击。这种倾向是好事，说明你会下意识地放大其他元素来增加动能，以补偿不理想的打击角度。然而，最好的方法还是加深对打击角度的认识，从根本上优化打击。

对长棍格斗来说，正确的角度决定着一切。

打击表面越小越好

在打击时，考虑打击表面的大小和形状也十分重要。

施加在一个区域上的力会被分散到整片区域。当你以相同的力量打击时，在大区域上，打击的力量会被分散，而对小区域的打击则足以造成局部损伤。

想象你要劈一块木头。你会优先使用斧头的哪一部分，是像锤子一样的背面还是锋利的刀刃？楔子，这个世界上最简单的工具之一。当施加相同的力量时，斧头的楔形边缘能更有效地将目标材料分开。因为它能够将力量集中在很小的接触面上——刀刃本身的宽度，而斧头的背面则会将力量分散到更大的区域。这就是你会默认选择锋利刀刃的原因。

长棍的杆也有不同的形状。锥形、细长的杆可以通过减少质量来提高速度。横截面偏圆的杆具有更好的耐久性，格挡时更有强度。横截面为八边形或多边形的杆甚至能够借助边缘的棱造成穿透性打击，因为这些棱可以集中并放大打击的力量。

事实上，力量集中与否是决定打击威力的关键。为了说明这一点，我们先来假设 3 种不同的打击。每种都采用相同的力量和身体力学，唯一的变量只有打击表面积。首先，用长棍顶部 6 英寸（15.24 厘米）击打目标。假设你使用的是直径为 1 英寸（2.54 厘米）的长棍，就会形成一个大约 6 平方英寸（38.71 平方厘米）的打击表面（6×1=6）。为了便于计算，假设你使出 60 磅（约 267 牛顿）的力，将这 60 磅的力除以 6 平方英寸的打击表面（60÷6=10），就可以算出你的打击力为每平方英寸 10 磅（约 44.5 牛顿）。这没有什么破坏性。

再次打击，将与目标接触的区域缩小到长棍顶部 3 英寸（7.62 厘米）。将相同的 60 磅力除以 3 平方英寸（约 19.35 平方厘米）的打击表面（60÷3=20），得到的打击力为每平方英寸 20 磅（约 89 牛顿）。现在，你的打击力已经翻倍。

第三次打击只用长棍的尖端，假设为 1 平方英寸（约 6.45 平方厘米）。通过简单的计算（60÷1=60），就可以得出你的打击力为每平方英寸 60 磅，比你最初的打击力强了 5 倍，而你所做的只是减小了打击的表面积。你用最小的努力换来了最大的成果！

格挡和格移

格挡和格移的区别在于对手的武器是停止还是滑动。格挡是让对手的武器停下，而格移则是在对手的武器继续运动时改变其方向。

接下来，你也许会回想起高中的物理课，因为我们即将提到那位著名的物理学家、数学家、教授——艾萨克·牛顿（Isaac Newton）爵士。牛顿三大运动定律的第一条就是惯性定律，这条定律指出，在没有外力作用下，静止的物体将保持静止，而运动的物体将保持匀速直线运动。惯性定律中蕴含着进行有效格挡和格移的原理：要么让对手的武器停下来，要么施加足够的力使其偏离原本的路线。

在这里，我们要引入一个重要的概念——动量，它是物体质量（m）和特定方向上速度（v）的乘积。

动量：$p=mv$

我们几乎本能地熟悉动量。没有人想被车撞到，为什么？因为我们稍加思考，就会想起那些被又大又快的物体撞击的时刻。当我们还是孩子时，撞倒我们的也许是一只大狗；高中时，也许是一位高大的朋友；再后来也许是一名莽撞的大学生。这些经历让我们可以预料，即使是被开得很慢的汽车撞到，后果也不堪设想。

格挡也是如此，为了使一个对象停下，你只需提供与它相等的动量。这听起来多么容易！在大多数情况下，确实如此。但要做到既快又有效，格挡时需要相当精确地预估所用的力：要么正面迎接来袭的力量，用完全相等的力量加以对抗；要么成为一个动能吸收器，通过消耗动量使对手的武器停下。换句话说，你要么成为一个静物，要么成为一条湿毛巾。

格挡墙

让我们说得更实际一些。当你的肾上腺素在战斗中飙升时，你将没有时间（或多余的神经元）来精确设计格挡的角度，一次次抵抗对手那不可预测的打击。但你有足够的时间将长棍挡在可能被打击的位置前，然后回应对手的力量。因此，你可以将格挡简单地理解为在你和对手之间架起了一堵墙。一堵不会移动，也不会因打击而变形的墙。

岿然不动的墙归功于坚实的基础、巨大的质量和紧凑的结构。你的长棍就具有紧凑的结构——构成长棍的木纤维非常紧密。而为了实现"坚实的基础"和"巨大的质量"，你需要调整自己的身体结构，使任何击中长棍的打击都能将动量传递到你牢牢抓地的双脚和稳固的身体上。

传递到你身体的力量最终会通过你的脚底传递到地面。想想著名的桌面玩具——牛顿摆。当一端的小球被抬起并释放时，只有另一端的小球会被弹出，而中间的球则保持静止。如果你将对手的打击想象成起始球，你的脚和地面的连接就是末端球。唯一的区别是，我们的质量作用于地球，而地球无论接受了多少人传递的力，都会保持相对静止，不会从另一端弹出。

想要形成一面有效的格挡墙，你需要将自身作为动量吸收器，将你的骨架作

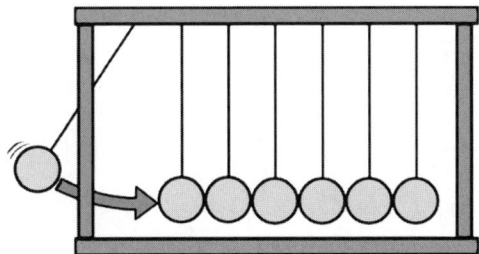

为力量传递的结构。我们不妨以格挡击打 5（垂直向下格挡）和格挡击打 6（垂直向上格挡）为例来进行说明。你可能会注意到，在格挡击打 5 中，冲击力由共同支撑长棍的两只手臂均匀承担，然后通过脊柱以及静止的躯干，最后由双腿传递到地面。在格挡击打 6 中，冲击力依然由共同支撑长棍的两只手臂均匀承担，但你的身体此时还提供了相应的补偿动量，以使对手的武器完全停下，向上的打击无法利用惯性向你传递力量，所以你只需原地不动即可。

重要的是，在格挡时，你的手臂必须伸直但不能僵直，因为肌肉在收缩与拉伸时可以弹性地吸收一些力量，从而削弱打击的力度。

你可以用重沙袋来训练坚实的基础和正确的身体结构。先采用中握持棍，从不同角度向沙袋施加压力，然后改为延握持棍再次尝试。看看你是否能感受到与施加的力相匹配的脚底压力。如果你能感受到两者之间的联系，就意味着你的基础已经足够牢固，可以接受相当的反作用力了。空手道练习者通常会利用卷藁来培养这种感觉：只有当双脚稳稳扎在地面时，才能将力量传递给目标并穿过目标。

要培养正确的身体结构，可以先让重沙袋运动起来，然后在它回摆到你面前时让它停下。最好拍下自己做这个动作的视频。你可以听到并感受到你的结构是否正确：沙袋停下时，是否发出了一声令人满意的"砰"声；接收沙袋的动量时，是否能够将身体的移动幅度控制在最小。回看视频可以为你提供一些反馈。一定要注意观察你的双脚，如果它们滑动了，就说明你的反击缺乏力量。

湿毛巾与反击

另一种让对手停下打击的方法是成为一条"湿毛巾"，在接下来的一段时间内将打击的动量逐渐消耗完。这种方式需要你在打击到来时稍微让步。不要丢掉你的防守结构，迅速将你的重心移到一个蓄势待发的位置，然后发动反击。记住，对手知道一旦长棍停下就无法持续进攻，因此他很可能会立即转向一条新的攻击线。

在格挡后反冲回去也是一种有效的技巧。你可以用与接收动量相同的身体结构来进行反冲。你的肌肉因为格挡正处于收缩状态，因此，你可以借助对手打击的能量来激发自身的能量，使肌肉迅速回到原位。如果对手的身体结构不好，在打击中过度伸展或站立不稳，此时你的反冲将有效地阻止他重新站好，从而限制其攻击和防御能力。你可以借此来为自己创造反击机会。

格移

与格挡不同，在格移时，你的目标不是让对手的武器完全停下，而是让它换个方向继续移动。通常，你可以利用格移来改变双方间的距离或创造有利的角度，因为对手需要花时间来改变武器的动量，以适应新的局面（正如牛顿第一运动定律所说，物体具有保持原有运动状态的惯性）。

格移时，你需要保持正确的身体结构，但不用像格挡时那样双脚抓地。因为你无须阻止动量传递，而是简单地使其转向，通过保持正确的身体结构使对手的长棍改变轨迹从而进行格移。例如，你可以侧身躲避击打 5，让对手的长棍与你的长棍交错，远离你的中线。而你只需把握正确的身体结构，双脚不用牢牢抓地：你可以在突然拉近与对手的距离时采用格移。

你仍然可以用重沙袋练习格移，先用长棍推动沙袋使其运动，然后在它摆回来时进行格移。你会发现步法是能否成功格移的关键。

杠杆

除了用于打击和格挡，长棍还是一根出色的杠杆。杠杆可以用来撬起对手，或者放大你的力量以推倒某物（或某人）。

要理解杠杆，你必须先明确哪些部分是移动的，哪些部分是静止的。以跷跷板为例，这是一种被称为一级杠杆的杠杆形式。跷跷板中间固定的枢轴点被称为支点，支点不会移动。一旦支点移动，跷跷板就会失去乐趣，甚至变得危险。

当两端的孩子重量相等时，跷跷板的效果往往最好，因为他们可以轻松地推动彼此上上下下。要抬升的重量（等待上升的孩子）称为负荷（这一术语我们后面还会提到），而推动的力量（等待下降的孩子）则称为动力。在两端重量相等时，使跷跷板运动所需的动力和负荷产生的阻力也是相等的，两端的孩子可以轻松上下。

现在，如果一位全美橄榄球联盟的锋线队员坐上跷跷板的一端，而另一端的孩子保持不变，你就会直观地感受到不对等力量导致的结果。杠杆一端锋线队员受到的地球引力，这时会转化为对另一端孩子的强大推力，足以把孩子弹到空中。同样，如果锋线队员一开始就坐在跷跷板的一端，另一端的孩子就只能无助地悬在空中，因为地球对孩子的引力远远不足以将锋线队员抬起。

一级杠杆或跷跷板杠杆在长棍格斗中很少出现，但它们从侧面说明了基本的力学原理。支点、负荷和动力同样适用于长棍格斗中经常出现的另外两种杠杆形式，特别是在拔起与推拉的招式中。这两种杠杆就是二级杠杆和三级杠杆，为了方便记忆，我们称之为省力杠杆和费力杠杆。

省力杠杆（二级杠杆）

我们常见的园艺工具——手推车就是一种省力杠杆。手推车的支点是轮轴，当车轮旋转时，轮轴作为一个固定的杆，相对地面的高度不会发生变化。手推车中的材料就是负荷，而你需要通过两个手柄施加动力。当负荷位于手柄和轮轴之间时，你就可以轻松地推动重物。你不是直接抬起重物，而是通过双手移动一段较短的弧线来将重物抬起。负荷移动的距离越短，你就越轻松。你可以在手推车中装入很多重物，并用比直接搬运小很多的力量来移动它们。

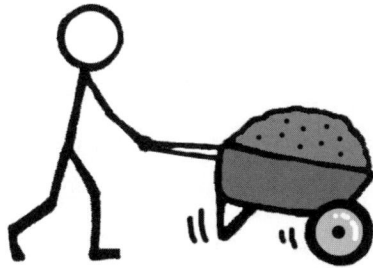

用长棍拔起对手运用了同样的力学原理。当棍梢穿过对手双腿之间，并支在其身后的地面上时，棍梢就成了一个支点，对手就成了负荷，而你需要提供动力来抬起对手。撬动长棍时，你的力量将传递到对手的骨盆，你可以像抬肥料一样抬起对手。

当你拔起对手时，一部分力会向上传递，还有一部分力则会通过对手向前传递。这是因为支点与对手重心间的相对距离较远，当你将长棍向垂直方向推时，对手就会在被拔起的同时沿长棍下滑。因此，你需要迅速使向上的力达到最大，快速拔起对手，这样才能破坏对手的基础，你才能乘胜追击。

为了深入理解省力杠杆的力学原理，我们再次用重沙袋进行实验。先将棍梢放在沙袋后约 6 英寸处，作为支点。接下来，将长棍靠在沙袋底部的中线上，测试提起沙袋所需的力量，同时注意观察传递至前方的力量。重新设置支点，将棍梢置于沙袋后约 1 英尺（约 0.30 米）处，测试此时所需的力量。以此类推，将支点设置在沙袋后 1.5 英尺（约 0.46 米）、2 英尺等位置，直到弯腰的角度大到你无法再提起沙袋。回想一下，在哪些条件下垂直提升的效果最好？哪些情况下会将沙袋向前推动？对于不同重量级的对手，哪种条件下拔起的效果最好？

你还可以与搭档一起尝试这个实验。注意戴好裆部护具！你需要找到一条平衡线，即与对手双脚的连线相垂直的线。

将棍梢放在搭档身后 6 英寸处并撬起他。然后放在搭档身后 1 英尺、1.5 英尺、2 英尺等处再次进行尝试，直到弯腰的角度大到你无法将其拔起为止。然后交换角色，让搭档在你身上尝试这个实验，看看结果是否会有所不同？当然，如果你们身高相差很大，差异就会十分明显。如果你们体型不同，并且重心和骨骼结构也有明显差异，也许你会发现其他不同之处。尽量多地与不同搭档一起尝试这个练习，这样在面对不同对手时，你就可以本能地找到设置支点的最佳位置。

费力杠杆（三级杠杆）

镊子就是一种典型的三级杠杆。在这种情况下，支点位于杠杆的一端，阻力位于另一端，而动力则施加于杠杆中间的某一位置。

三级杠杆与手推车那样的二级杠杆截然不同。在动力和阻力的位置相互交换后，在杠杆中间施加较小的动力或移动较短的距离，就会在另一端产生较大的阻力。正是由于这种力量的放大作用，三级杠杆是你在推动对手时的最佳选择。

在某些情况下，比如当你发现对手没有察觉到他将要被绊倒时，与劈砍相比，也许更好的方法是将其推倒。这时，你与对手间的接触并不是"推搡"，而是接触时间更长的"推动"以将力量传递出去。"推动"不是比赛中的抢断，而是如同橄榄球锋线队员一样持续地阻拦对手。

物理学家会告诉你，想要改变对手的动量，你需要尽可能地施以更大的力，并且持续更长的时间。还记得之前提到的动量公式 $Ft = \Delta mv$ 吗？它说明了就算是小物体若从高处掉落也可能变成致命的子弹：在自由落体的几秒内，随着重力的牵引，物体会持续加速，只有空气会产生很小的阻力。物体在没有空气阻力的环境中通过更长距离时，甚至会达到令人震惊的速度。例如，一颗彗星从太阳系边缘一直坠落至太阳上时，其速度可以达到每秒 50～60 英里（80.47～96.56 千米）。

在长棍格斗中，尽管我们无法利用重力的作用，但我们可以利用杠杆作用。费力杠杆的支点就是你，而你必须"脚下生根"，并在推动对手时保持正确的身体结构。将棍把置于你的骨盆处，使长棍与你的重心相连，进一步放大推力。仅用手臂推动会导致你的身体结构崩溃，使你无法有效地传递出力量。

值得注意的是，费力杠杆的动力来自身体的支撑和前移，而非双手。此时，双手只是身体能量的传输器。当你转身推对手时，你的前导手的位置决定着力量传递到对手身上的高度。如果你想从高位推对手，就需要将前导手放在其上段；如果你想从腹部推动对手，就需要将手放得低一些。无论如何，你的前臂弯曲的角度不应超过 120°，这与拳击手的钩拳一样。如果前臂弯曲的角度过大，来自臀部的动力就无法传递至手臂。不要伸手去推，这会破坏你的身体结构。相反，你要快速通过步法占据有利位置。

还有一点值得注意：在推对手时，不是要推向某个点，而是要推过那个点。在用空手道试劈（tameshiwari，即空手打碎砖或木板等物体）时，有一条重要的经验值得借鉴，那就是将目标锁定在想要击碎的物体的后方。如果你只瞄准与物体接触的点，就无法传递足够的力量来击碎物体。瞄准物体后方可以使大脑和身体准备好将力量传递过去，从而建立起正确的身体结构。在长棍格斗中，这意味着你需要稍微向前迈出一步，通过长棍的远端将自身质量传递至对手身上。如果你能抓住对手后退或身体结构崩溃的机会上前施压，就能抢占先机，占据有利位置，使对手失去立足之地。

你可以再次通过重沙袋来感受这一点。站在沙袋前，手中的长棍略微偏向身体右侧，延握持棍，采用击打 5 的姿势。右手应位于沙袋的一侧。左手握棍置于身体重心处，使之刚好位于骨盆左侧的凸起上方。右手向前越过骨盆约 6 英寸，直到棍梢接触到沙袋。保持接触，不要打击，记住我们的目标是推动沙袋。

略微向前迈出左脚，以身体为支点用力推沙袋。如果你的身体结构足够牢固，就可以相对轻松地推动沙袋；如果不够牢固，就调整手部的位置和姿势，直到你可以轻松推动。最理想的状态是，你可以通过身体的旋转不费力地推动沙袋。一旦找到这种感觉，就换到沙袋另一侧再试一次。尝试其他角度，在对手身上找到对你有利的部位。例如，从肾脏往上朝胸骨尖端的方向推，你就能成功地将对手撬起并推动。

动力链

学习长棍力学有一种隐患，那就是随着训练的深入，你也许会沉迷于部分的总和而失去整体感。尽管将打击、格挡和格移分解为杠杆、基础和结构以及物理元素来理解很有帮助，但更重要的是，要始终将它们视为一个协同工作的整体。没有任何一种元素占据主导，所有的元素都在一条完整的动力链中扮演着重要的角色，各部分旨在将输出的动能最大化，并通过独立的小节点连接为一个整体。

如果把长棍力学的每一种元素比作用逻辑和简单方程式导出的代数，那么，长棍力学整体就是微积分。当你想"计算"任何技巧的总和时，都需要对其元素进行求和。因此，我们需要引入动力链的概念：在打击、格挡或格移动作中，所有元素都需要以协同的方式实现动能的最大化输出。

想想击打 1 的力学原理。最开始，长棍的支点是长棍的中点，但随着长棍上挑，支点也将随着手臂的伸展向你的后手滑动。与此同时，你的身体压得更低，左腿的肌肉因收缩而蓄势待发，为打击聚集势能。当长棍停靠在肱三头肌上时，左臂会提供一定的物理支撑，但这种接触不能太硬，否则会使长棍失去动量。实际上，即使是最基本打击的动力弧线，也是局部力学最大化的体现，不能只考虑单个元素。你需要"发挥"一种技巧，而不仅仅是"实施"它，只有将所有元素松散、非机械地串联起来，才能发挥出最大的力量。

尽管你需要将长棍力学的每种元素拆分理解，但同样重要的是，你还需要将一个动作中涉及的所有元素串联为一个整体加以理解。

结论

长棍格斗中有太多需要考虑的内容，其中最重要的是什么？《福音书》中有这样一句话：人在最小的事上忠心，在大事上也忠心；在最小的事上不义，在大事上也不义。禅宗中有句话说：即使是一滴水，也应该被认真对待。从古至今，智者都在提醒我们，不要浪费，不要贪婪。这些警句教会我们什么？

注重细节！

如果你肯钻研长棍力学，你的技巧一定会有所提高。拍摄并回看你独自练习或者与搭档共同练习的视频，将给你带来很大的帮助，你能从中发现许多可以提升的地方。秉持谦虚的态度，带着问题进入下一次练习，你将取得超乎想象的进步。

练习长棍格斗将使你由内而外地学会做决策。养成写日志的习惯，记录下每一次成功和失败。什么感觉恰到好处？什么感觉不对？下次要尝试什么？对手的哪些打击是你不想再承受的？

对力学的重视将使你的长棍技巧不断进步。熟练掌握技术，你就可以制订更高级的策略，全面提升自己长棍格斗的水平。

从力学出发，以深入理解为基础，将理论转化为实践。接下来，正如我们小时候老师常说的那样，"先练习1000次再说"，没有什么比练习更重要！

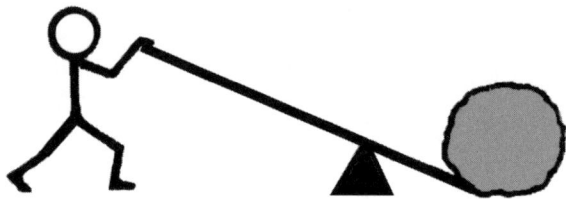

关于克里斯·霍尔

1991年，克里斯·霍尔在盖茨堡学院刚柔东方武术协会的开悟道场开始接受正式的武术训练，师从凯·埃瑟里奇和唐·沃尔兹（Don Walz）。克里斯与两位老师以及乔·瓦拉迪经常切磋拳脚和长棍功夫，于1995年取得黑带，1997年取得初段。除了刚柔武术的成就，克里斯还在合气道、菲律宾武术和格斗等方面获得了等级认证与专业证书，深耕广拓于不同武术流派。不仅如此，作为一位狂热的射手和猎人，克里斯还十分擅长使用手枪、步枪、霰弹枪和传统反曲弓等武器。

克里斯还是一位具有20年教学经验的教育工作者，并担任了15年的教育管理者。目前，他是美国弗吉尼亚州夏洛茨维尔科文纳学校（Covenant School）的教务长，兼任古典学习协会阿尔昆研究院（Alcuin Fellowship of the Society for Classical Learning）的副研究员，专注古典和自由武术传统方面的科学教育。克里斯还曾是PK-8科学部主任，并担任过概念物理、地球科学、天文学、工程和数学（STEM）、追踪和野外生存、数学以及阅读等科目的教师。此外，他还是一名充满热情的农民，现与妻子和3个儿子一起生活在弗吉尼亚州中部，过着与众不同的生活。

附录II 补充技巧和训练

什么？你还想学习更多？好吧，这也难怪……学习长棍如此有趣，值得我们不断探索。我没有在本书正文部分收录过多长棍训练和技巧，以免偏离长棍格斗这一主题。因为这些训练虽然有助于加深你对长棍的认知，但很难直接促进你对格斗的基本理解。但这并不意味着这些练习就缺少价值。事实上，我鼓励你多多练习长棍，发展多样的长棍技能。你不妨跟随本书继续探索，不断尝试。更重要的是，你会发现这真的很有趣！

以下补充技巧、训练和活动将为你的练习带来更多乐趣。

长棍伸展训练：用长棍来锻炼你的灵活性和力量。将长棍横跨肩部，同时扭转身体、侧向拉伸、后仰、提膝或扭转脚尖。

长棍平衡训练：将长棍竖在手掌、手指、脚或下巴上以保持平衡。开始时可以找人帮忙放置长棍。你甚至可以试着将两根长棍竖着叠在一起来保持平衡。

灵敏度训练：试着用长棍来防止气球落地。你觉得这太简单了？那么，尝试用2个、3个甚至4个气球进行训练。你可以独自练习或与搭档一起练习。一旦气球触地，就拿着长棍做俯卧撑或仰卧起坐。

舞花：舞花有不同的方法，包括正面和侧面的螺旋舞花、头顶的直升机舞花、背后的风车舞花、加入手臂画圈的四拍（日本式）八字舞花（双节棍常用的技巧），以及六拍的（中国式）八字舞花等。你还可以在长棍两端系上 2 英尺长的丝带，用来增强效果，增加乐趣。你甚至可以用透明胶带将荧光棒粘在长棍上，然后在黑暗中舞花。别忘了在舞花结束后衔接一记全神贯注的打击。

背后交接：你可以选择垂直或水平、静止或移动等不同方式来练习背后交接，并在这一技巧后衔接打击或其他技巧。请不断练习，直到背后交接的动作能与舞花平稳、流畅地衔接起来。

水平背后交接（静止）

从准备姿势开始，熟练后可无缝衔接在舞花动作后

将长棍移至身体右侧

先松开左手，将长棍移到背后，手挨手交接长棍

右手松开长棍，将其抢回前方

右手重新抓住长棍，准备打击或继续抢棍

垂直背后交接（向前旋转）

从准备姿势开始，熟练后可以无缝衔接在舞花动作后。将长棍移至身体右侧

先松开左手，将长棍移到背后，手挨手交接长棍

松开右手，继续抢棍。左脚后退，逆时针旋转身体

右手在身体前方重新抓住长棍

垂直下劈，结束动作

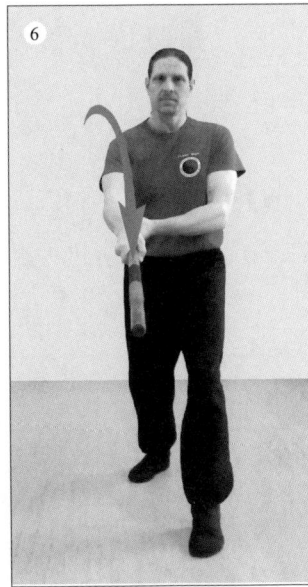

用脚拾起长棍：在眼睛紧盯对手的同时，可以用脚迅速拾起长棍。这一技巧有几种方法，其中，最简单的方法是让长棍滚到脚背上，然后向上踢起长棍。

用脚拾起长棍

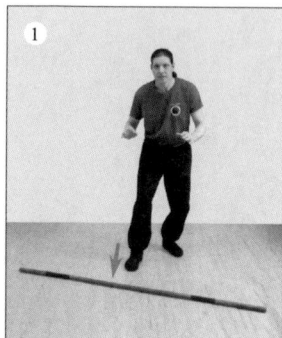

双眼盯住对手

将脚放在长棍旁

让长棍滚到脚背上并钩住长棍

向上将长棍踢至手中

牢牢抓住长棍

恢复战斗姿势

抛接长棍：将长棍抛向空中，然后接住长棍。每次接住长棍后，立即跟进一记打击。和搭档反复进行抛接练习。

　　将以上两种技巧结合起来，用脚抛出长棍。在你缴械后，原地用脚把长棍踢还给对手，这会让你看起来酷极了。

用脚抛棍

抓住长棍的一端，伸直手臂，然后甩动手腕，将握住的一端抛向空中。当长棍下端转回时，抓住长棍的下端，回到开始位置，然后重复上述动作。

从长棍的 180° 的半翻滚开始，逐渐过渡到 360° 的完整翻滚，然后是 540° 的一圈半翻滚，最后是 720° 的双翻滚。

旋抛长棍

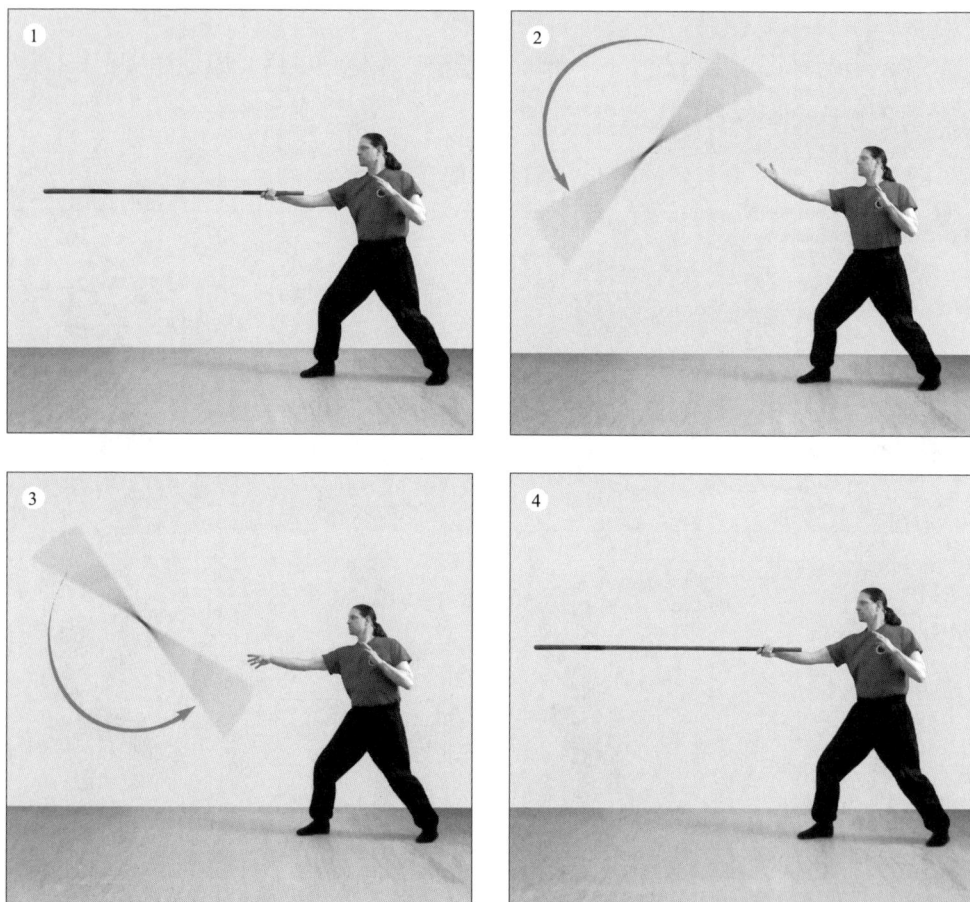

手持长棍翻滚：练习手持长棍前滚、侧滚（原木滚）和后滚，无缝衔接格挡和打击。你可以利用翻滚来捡起地上的长棍，先从长棍在脚边时开始练习，逐渐过渡到翻滚至几英尺外后再捡起长棍。

手持长棍的右肩翻

手持长棍俯卧撑：有许多不同类型的手持长棍俯卧撑可以锻炼全身。你可以双手手掌向下做俯卧撑，也可以双手手掌向上，或者用混合握法做俯卧撑，还可以采用宽握、标准宽度、窄握或者双手与身体平行的方式练习俯卧撑，甚至还可以将长棍垂直放在地上做挺身练习。

手持长棍俯卧撑

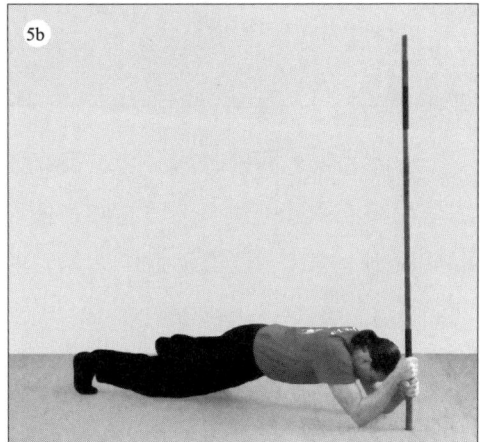

背桥：将棍梢撑在身后的地面上，手臂绕过头顶向后伸展握住长棍，利用长棍支撑身体，将手逐渐向地面方向移动，然后将手逐渐上移，再次回到站立位置。

仰卧起坐：和俯卧撑一样，有许多手持长棍做仰卧起坐的方法。其中一种方法是将长棍举过头顶，然后卷腹，使肩膀和脚离开地面。接着，蜷缩双腿，将长棍从双脚下穿过，形成瑜伽中"船"的姿势。然后，反向执行动作，使长棍再次回到头顶。重复以上步骤。

　　跳棍： 在你能够熟练地完成上述仰卧起坐动作后，也许你已经准备好迎接从站立位置越过长棍的挑战了。在高高跃起的同时，双脚从前到后跳过长棍，然后再从后到前跳过长棍。

　　长棍踢腿： 尝试带着长棍练习所有的踢腿技巧。从简单踢腿开始，逐渐过渡到旋转、跳跃和飞踢。

　　长棍撑竿跳： 你可以用长棍支撑跳过障碍物，还可以将撑竿跳与前踢、侧踢、翻筋斗或"猴子瞭望"结合起来。你可以在网站上搜索中国猴棍武术，浏览相关视频，以获得启发。

　　长棍杂耍： 这一技巧也称为"接触技"，是一种用身体操纵长棍的艺术。杂耍高手还会用火棍进行火舞表演，你可以在网站上搜索更多演示和教学视频。

推荐阅读

以下列出的图书可以对长棍格斗的各个环节进行补充，你可以通过阅读来丰富知识，加深理解。

Aoki, Hiroyuki. *Total Stick Fighting: Shintaido Bojutsu.* New York: Kodansha International, 2000.

Barbasetti, Luigi. *The Art of the Foil.* New York: E. P. Dutton & Co., Inc., 1932 (reprinted by Barnes & Noble Books, 1998).

Biddle, Lieut.- Col. A. J. Drexel, U.S.M.C.R., U.S.M.C. *Do or Die: A Supplementary Manual on Individual Combat.* 1937. Reprint, Boulder: Paladin Press, n.d.

Cheung, William. *Kung Fu Dragon Pole.* Valencia, CA: Black Belt Communications, 1989.

Demura, Fumio. *Bo: Karate weapon of Self-Defense.* Burbank, CA: Ohara Publications, 1976.

Leung, Ting. *The Ferocious Enchanted Staff of the Ancient Monks.* Hong Kong: Leung's Publications, 1986.

McLemore, Dwight C. *The Fighting Staff.* Boulder: Paladin Press, 2009.

Musashi, Miyamoto. *The Book of Five Rings.* New York: Overlook Press, 2001.

Preto, Luis, *Combat in Outnumbered Scenarios: The Origin of Historical Fencing.* Lexington, KY: CreateSpace Independent Publishing Platform, 2011.

———. *Fencing Martial Arts: How to Sequence the Teaching of Technique and*

Tactics. Lexington, KY: CreateSpace Independent Publishing Platform, 2011.

———. *Staff, Baton, and Longsword Combat Series: Functional Parrying Skill*. Lexington, KY: CreateSpace Independent Publishing Platform, 2011.

———. *Staff, Baton, and Longsword Combat Series: Understanding and Developing Footwork*. Lexington, KY: CreateSpace Independent Publishing Platform, 2011.

Suino, Nicklaus. *Strategy in Japanese Swordsmanship*. Boston: Shambhala Publications, 2017.

Thompson, Lynn C. "King of Weapons". *Cold Steel*, 2000. www. coldsteel. com / files / Riposte / The-Spear. pdf.

你也可以尝试在搜索引擎上搜索以下关键词：棒（bo）、组棒（kumibo）、棒术（bojitsu）、四分棍（quarterstaff）、长棍格斗（staff fighting）、葡萄牙棍术（jogo do pau）、柔术（jojitsu）、Dog Brothers 格斗教学、东加棍术（Donga stick fighting）、手杖格斗（cane fighting）、冲绳古武道（Okinawan kobudo）、泡沫长棍格斗（padded weapons fighting）、韩国棍术（bongtoogi）、护身道（chanbara）、极限格斗（extreme martial arts）、长棍接触技（contact staff）、长棍杂耍（staff juggling）。

> 取其精华，去其糟粕。
> 探索你自己的习武之道。
>
> ——李小龙

作者简介

乔·瓦拉迪（Joe Varady）

乔·瓦拉迪大师积累了超过 30 年的武术经验。他于 1987 年开始学习刚柔武术，已取得黑带六段。在过去的 30 年中，他不仅接受了空手道、跆拳道、柔道、菲律宾短棍等东方武术的训练，还接受了拳击、击剑、长剑等各种西方武术的训练。

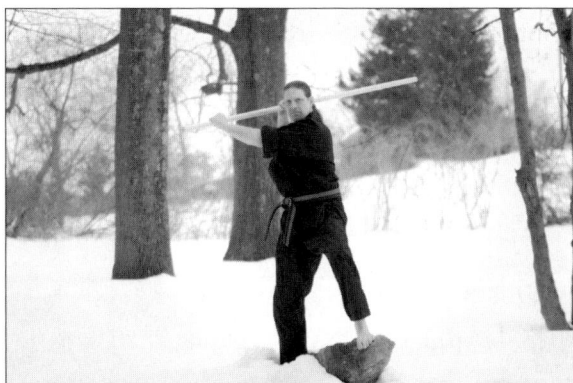

为了检验自己的能力，乔参加了 2014 年在美国纽约举办的 WEKAF 世界锦标赛的预选赛，带领美国队取得了参赛资格。同时，他还在匈牙利举办的总决赛中获得了全接触长棍格斗第二名与全接触双短棍格斗第四名。乔从未停下挑战的脚步。2015 年 3 月，他不仅在纽约举办的十二棍师世界锦标赛上赢得了全接触单棍格斗的冠军，还在费城唐人街举办的东北部太极剑术锦标赛中获胜。同年，他还赢得了太极剑术联盟 2015 年锦标赛的总冠军。

目前，乔在美国宾夕法尼亚州菲尼克斯维尔的两家机构担任首席教练，与学生分享自己丰富的武术知识：他不仅在开悟道场教授传统武术，还在现代角斗术道场教授创新武器系统。此外，乔还是通用武术体系的主席，这一活跃的团体旨在为不同流派的武术练习者提供一个开放的交流平台，以便分享技巧和原则。